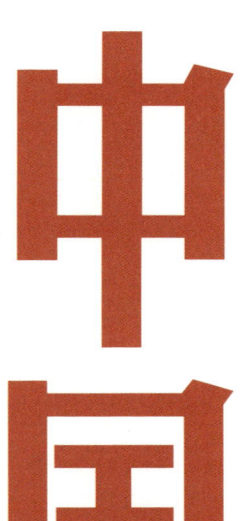

世界里的中国

韩毓海 著

中国少年儿童新闻出版总社
中国少年儿童出版社
北京

江苏人民出版社

图书在版编目（CIP）数据

世界里的中国 / 韩毓海著. -- 北京 : 中国少年儿童出版社, 2025.1. -- ISBN 978-7-5148-9357-1

Ⅰ. K209

中国国家版本馆CIP数据核字第2024N7V308号

SHIJIE LI DE ZHONGGUO

出版发行：	中国少年儿童新闻出版总社 中国少年儿童出版社　江苏人民出版社		
出 版 人：郭　峰　王保顶			
执行出版人：张晓楠			
责任出版人：郑立新　金书羽			
责任编辑：叶　丹　王　燕		装帧设计：瞿中华	
美术编辑：张　璐　施元春		责任校对：杨　雪	
杨　蒙　孙美玲		责任印务：李　洋	
社　　址：北京市朝阳区建国门外大街丙12号		邮政编码：100022	
编 辑 部：010-59344121		总 编 室：010-57526070	
发 行 部：010-57526258		官方网址：www.ccppg.cn	
印刷：北京利丰雅高长城印刷有限公司			
开本：720mm×1000mm　1/16		印张：9.25	
版次：2025年1月第1版		印次：2025年1月第1次印刷	
字数：231千字		印数：1—10000册	
ISBN 978-7-5148-9357-1		定价：39.00元	

图书出版质量投诉电话：010-57526069　电子邮箱：cbzlts@ccppg.com.cn

目录

引　子 | 001
文明的基因

第 一 章 | 009
秦国能够一统天下是因为有好的规矩吗？

第 二 章 | 017
为什么汉武帝认为，一旦出河西走廊，就会面对一个美丽辽阔的新世界？

第 三 章 | 025
为什么说唐朝是当时世界交通的中心？

第 四 章 | 033
为什么宋代很富有却总被称作"弱宋"呢？

第 五 章 | 041

呐喊着"天下兴亡,匹夫有责"的古代读书人都做了什么?

第 六 章 | 049

长期领先于世界的中国,为什么在近代落伍了呢?

第 七 章 | 057

为什么毛泽东要选择"农村包围城市"的道路?

第 八 章 | 065

中国革命胜利的"三大法宝"是什么?

第 九 章 | 073

新中国被封锁"十年八年"之后,我们有了什么呢?

第 十 章 | 083
为什么改革开放被形象地称为"春天的故事"？

第十一章 | 091
为什么我们搞市场经济姓"社"而不是姓"资"？

第十二章 | 099
为什么我们用几十年时间走完了发达国家几百年走过的发展历程？

第十三章 | 107
为什么说共同富裕是中国式现代化区别于西方现代化的显著标志？

第十四章 | 115
世界站在了历史的十字路口，我们该怎样选择？

第十五章 | 123
我们的文化基因里,哪些是最优秀、最强的呢?

第十六章 | 131
为什么我们的社会主义能够生机勃勃、充满活力?

引子

文明的基因

文化、文明是什么？习近平总书记强调，一个国家和民族的文明是一个国家和民族的集体记忆。

生命是有记忆的，万物靠"物种"保存记忆。人作为生命体，其传承、发展靠基因，文化、文明，就是生命体的基因。

文化基因在传承中发展，所以，要了解中华文明，就必须了解我们的历史。没有中华文明五千年，就不会有我们今天生机勃勃的中国特色社会主义道路。

探索文化基因，需要用比较、交流的办法。今天的中国离不开世界，今天的世界也离不开中国。要了解中华文明，就要了解世界。

世界上每个文明都是独特的，每个独特的文明都是平等的。人类文明是在交流互鉴中发展的，离开了文明间的交流互鉴，就不能认识中华文明的基本特性，也就谈不上文化自觉与文化自信。

每个生命体都是特定环境的产物，中华文明也是这样。

大约在 6500 万年前，轰轰烈烈的造山运动开始了。伴随着青藏高原剧烈隆起，喜马拉雅山、昆仑山、秦岭等大体上呈东西走向的山脉陆续形成，我们这块土地上生命活动之肇基，便可以追溯到"世界屋脊"的隆起。

青藏高原的隆起，对大气环流产生了极为重要的影响，导致了东亚大陆季风气候的形成。由于高原的阻挡，季风在南方形成了丰沛的雨带，从而造就了烟雨苍茫的江南。

在北方，大风卷起广袤戈壁上的尘埃颗粒，由于大兴安岭、太行山、阴山、贺兰山和祁连山等一系列高山的层层屏障，滚滚东去的季风风力渐渐减弱，万马奔腾般的尘埃颗粒，如雨点般洒落下来。此后，又不知历经多少万年，漫山遍野的尘埃日积月累，便形成了黄土高原。

20 世纪 80 年代，曾有一首歌这样唱："我家住在黄土高坡，大风从坡上刮过，不管是西北风还是东南风，都是我的歌，我的歌……不管过去了多少岁月，祖祖辈辈留下我。留下我一望无际唱着歌，还有身边这条黄河。我家住在黄土高坡，四季风从坡上刮过，不管是八百年还是一万年，都是我的歌，我的歌。"

所以，如果说烟雨江南是"雨成"的，那么，黄土高原则是"风成"的。

在地球同一纬度的其他地方，都没有这样的自然条件，所以，

入目皆为画的黄土高原，风光无限（资料图片）

无论是黄土高原还是烟雨江南，都是独一无二的。

一系列考古发现证明，我们有百万年的人类史、一万年的文化史、五千多年的文明史。中华文明早期发源于六大文化区系，其中三个面向海洋，三个面向欧亚大陆，形象地说就是所谓的"满天星斗"。后来六大文化区逐渐向中央集中，使黄土高原上的文明最为耀眼，这就是"月明星稀"。中华文明由发散走向集中，由"满天星斗"走向"月明星稀"，在开放包容中形成了中国的"天下"观。

从"满天星斗"过渡到"月明星稀"，以黄土高原为中心，形成了中国意识，这就是"中国的世界"。六大文化区向周边延伸，则联系起海洋文明和欧亚大陆文明，这就是"世界里的中国"。

这说明，开放、包容是我们文化的基因。

土壤，是农业的命脉与根基。抓一把黄土，轻轻一捻，风一吹，它便随风而去。细腻的黄土是风成的堆积物，颗粒细小，结构疏松。于是，早期人类发现，用简易的石质、木质乃至骨质工具，就可以轻松翻开黄土进行耕种，这就是黄土高原的易耕性，也是中国早期农业源于此的原因之一。

黄土高原上有三个主要河谷平原：渭河谷地、伊洛谷地、汾河谷地。因其土质松软、灌溉便利，又靠近有着五千年开采史的巨大盐池——河东解池（在今天的山西运城），所以成为早期农

在"满天星斗"时期,良渚文化以其璀璨的成就脱颖而出,成为中华民族上下五千年悠久文明史的证据之一

《良渚文化》 潘鸿海 陆琦 汪文斌 画

业文明最发达的地区之一。

农耕是中华文明的基础,勤劳是中华文明的底色,勤劳的农民是中华文明的脊梁。

我们有五千多年文明史,有独特的时间观念。中国人把文明的历史叫作"春秋",这意味着春里包含着秋,秋里也包含着春——这是农耕给我们的文明打下的深深烙印。

正是农耕,造就了中华文明独有的文化范畴与基因:春秋、阴阳、进退、兴衰、气数、成熟、少年、青春,等等。

于是,一千多年前的朱子这样说:且以一岁言之,自冬至至春分,是进到一半,所以谓之分;自春分至夏至,是进到极处,故谓之至。进之过,则退。至秋分,是退到一半处;到冬至,也是退到极处。天下物事,皆只有此两个。他还说:若以善恶配言,则圣人到那善之极处,又自有一个道理……若以阴阳言,则他自是阴了又阳,阳了又阴,也只得顺他……若一向是阳,则万物何由得成?他自是恁地。国家气数盛衰亦恁地。

1963年在宝鸡出土的何尊,底部铭刻着周成王与他的臣子何的谈话,其中讲到由丰镐迁都到洛阳,是为了居住于天下的中心,即"宅兹中国",

这是已有文献中首次提到"中国",时间为公元前 10 世纪左右。何尊铭文中的"中国"一词,标志着早期"中国"概念形成和发展过程中的关键节点。

何谓中华?中,是指春秋之交,是时间上"中之起点";华,是盛衰循环,是开花与不开花的时节。盛衰循环就是"春秋"。我们站在秋天想念春天,站在冬天创造新的春天,这就是"青春之中华",这就是"复兴"。

通过研究历史,通过与世界其他文明比较,我们会发现:连续性、创新性、统一性、包容性与和平性等特点,构成了我们文化基因的主要特性。

我们每个人身上,都有百万年人类史、一万年文化史、五千多年文明史的基因。这本书,就是用最简要的方式,和大家一起剖析、呈现我们每个人身上的文化基因。

今天的青少年,视野一定要广,要有国际视野、历史视野,要学会通过中国与世界的比较、今天与过去的比较,弄清楚"我们是谁?我们从哪里来?我们要到哪里去?"

这本书的目的,就是帮助青少年开阔视野,了解国情,开眼看中国,开眼看世界;就是和大家一起学习、思考什么是中国,什么是中华人民共和国,什么是中华民族引以为傲的中华文明,从而深入理解、探求我们文明的基因。

第一章

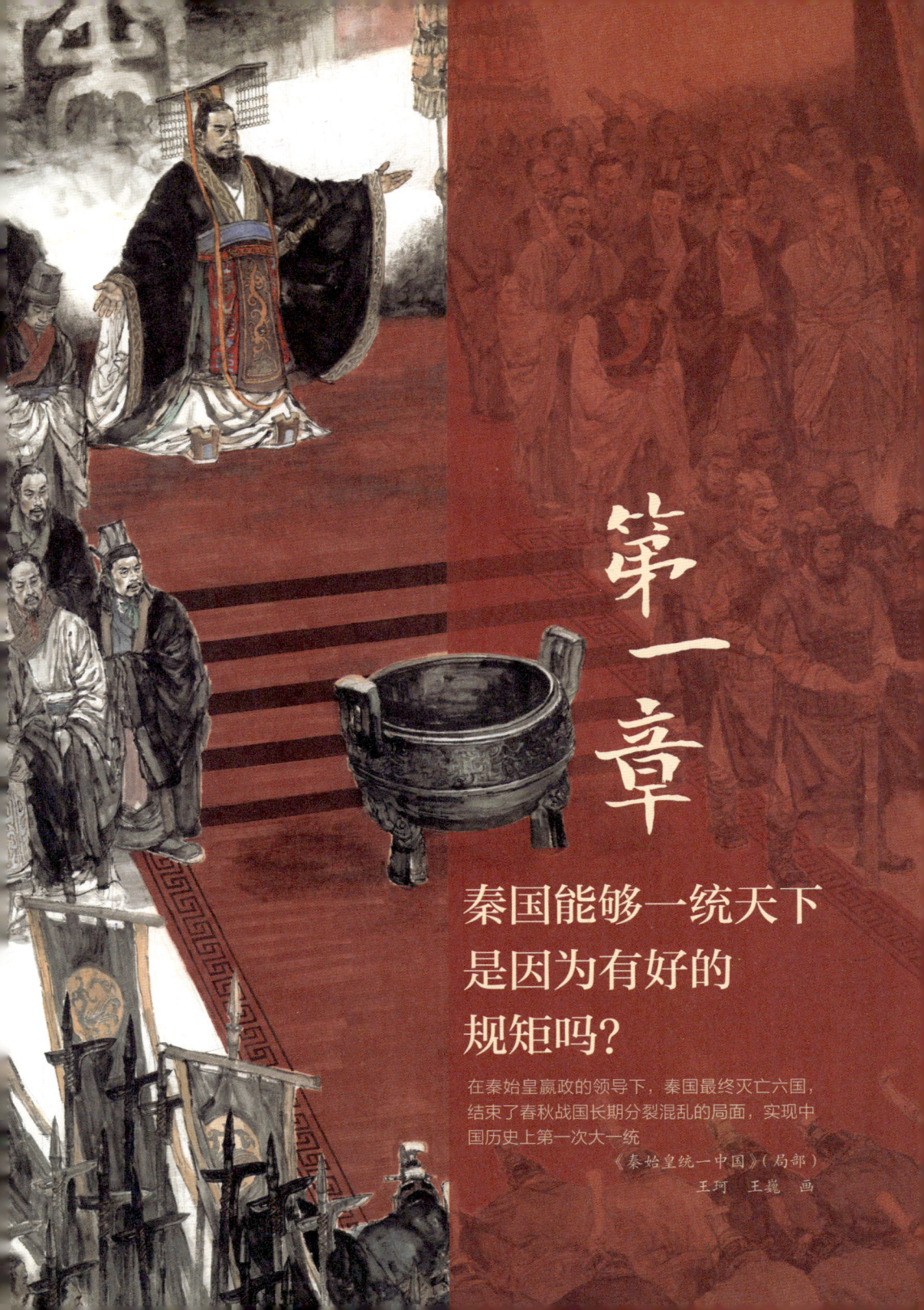

秦国能够一统天下是因为有好的规矩吗?

在秦始皇嬴政的领导下,秦国最终灭亡六国,结束了春秋战国长期分裂混乱的局面,实现中国历史上第一次大一统

《秦始皇统一中国》(局部)
王珂 王巍 画

在那遥远的古代，中华文明犹如一条蜿蜒的巨龙，盘旋在世界的东方。这条"巨龙"蕴含着一种神奇的力量。这力量仿佛是天生的，又似乎是后天锤炼而成，它让这片土地上的人们始终怀揣着一个梦想：天下大同。

这条"巨龙"的神奇力量就是强大的统一基因。统一靠什么呢？靠规矩。

什么是规矩呢？规矩是工具，是工匠们做工时所遵从的标准。按标准做事就是守规矩。

先秦的诸子百家中，墨家的基础是工匠，他们擅长用墨线来划定规矩，用准绳来衡量万物。所谓的"墨线"，起初就是工匠们用来画直线的工具。

从某种意义上讲，"规矩""准绳""尺度"，乃至度量衡，起初都是从工匠营造中产生的范畴。

后来墨家和法家把这种按一定标准做事的方法引入到社会管理上，提出要用制度、法律管理国家和社会的思想。

所以，法也可以说是一种规矩，是准绳，它的起源与墨家和法家有着一定关系。

什么是"制度"？"制者，可以知度；度者，可以知律。"度是指度量衡，律是指音律和乐律。制度、法律，这起初也都是墨家和法家发明的词。

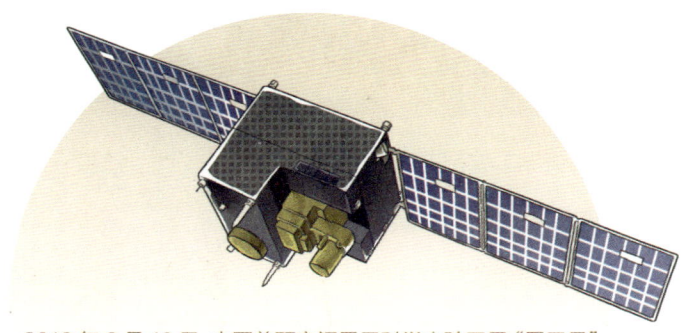

2016年8月16日，中国首颗空间量子科学实验卫星"墨子号"成功发射。这一命名，就是为了纪念墨子

（资料图片）

墨家是一个在实事中"求是"的劳动者群体，是一个主张杀身成仁、讲信讲义的战斗共同体，是一个代表着科学技术力量的群体。两千多年来，墨家的艰苦奋斗、实事求是、尊重科技与劳动的精神，成为中华民族基因的重要组成部分。

墨家"非礼乐"，他们讲平民的规矩。墨家要"非"的"礼乐"，则是贵族的规矩，也就是儒家讲的规矩。

儒家的规矩是礼，礼不下庶人，刑不上大夫。那是贵族的规矩，是高高在上、遥不可及的。墨家则不同，他们关注的是平民的轨迹，是那些普通百姓的日常生活。

那么，要完成更大范围内的统一，就要把大多数人统起来，要统领大多数人，那就需要把礼的适用圈扩大，这就是"变法"。其实，所谓变法，起初就是指把适用圈很小的礼，变成适用圈比较大的法。

简而言之，所谓变法，最初的意思是变礼为法。

公元前361年，一个改变中国命运的时刻到来了。在黄河以西的广袤土地上，变礼为法的思想悄然萌生。这一思想，是从"礼乐之制"的乐制中发展出来的。乐是指"乐律"，引申为律，律又引申为法律和法令。

秦始皇嬴政亲政后,"灭诸侯,成帝业,为天下一统",最终完成统一大业。这一切的基础源于变法

《秦始皇统一中国》 王珂　王巍　画

这一年，21岁的秦孝公即位。他面对的，是一个落后而又危机四伏的秦国。西北方向的游牧民族虎视眈眈，东、南两个方向又被魏、楚两个强国紧紧包围，而当时的六大强国和十几个小国通通看不起秦国。

在这样的困境中，秦孝公没有选择退缩，而是毅然决然地踏上了变法图强之路。他下达了招贤令，广纳贤才，只要有人能出奇策使秦国强大，他不仅愿意封官赐爵，更愿意与他分享土地，共治秦国。

正是在这样的感召下，商鞅从发达的魏国来到了落后的秦国。在秦孝公的全力支持下，他开始推行变礼为法的政策。

礼与法到底哪个更好呢？其实，这个问题并没有绝对的答案。礼，作为贵族的规矩，它有着自己的局限性；而法，作为全体民众的规矩，它则具有更广泛的适用性。变法，就是将原本只适用于贵族的礼变成适用于全体民众的法，让每一个人都能在法律的保护下自由生活。如此一来，礼显然就不能保护贵族了。

商鞅的变法之路充满了艰辛与挑战。他深知，要变法就必须触动贵族的利益，而太子犯法更是让他陷入了两难境地。最终，他选择了处罚太子的监护人——秦孝公的哥哥公子虔。后来公子虔又触犯了法律，商鞅就割掉了他的鼻子。

这一举动不仅彰显了他变法的决心，也让他成为贵族们眼中的"敌人"。然而,商鞅并没有因此而退缩,他继续坚定地推行变法。正是按照商鞅的路线,秦国从一个落后的国家,一跃成为"道不拾遗,民不妄取,兵革大强,诸侯畏惧"的强国。

公元前221年,在秦始皇嬴政的领导下,秦国最终消灭了六国,完成了统一大业。秦的统一,结束了春秋战国长期分裂混乱的局面,是历史发展的必然结果。统一后的秦朝建立起我国历史上第一个统一的多民族的封建国家。

历代文人中,有人痛骂秦始皇专权自私,骂他自私到了"六亲不认"的地步。但也有人赞叹秦始皇是最无私的,柳宗元就说"公天下自秦始",就是因为他不用自己的子弟亲贵治理国家,而是以农战为本治理天下。

秦王朝的建立,奠定了此后中国两千多年政治制度的基本格局,其特点是耕战为本,依法治国,而非任用贵族,任人唯亲。

1974年发现的秦兵马俑,被誉为"世界第八大奇迹",图为跪射俑

(资料图片)

正因此，毛泽东曾经说"百代都行秦政法"。其实，他所谓的"秦政法"，主要指秦所掌握的以下几个方面："车同轨"，以便人货交通；"书同文"，以便文化交流；统一度量衡，以便税收；同时，掌握户籍和赏罚制度，以便维护安定的社会秩序。

大致说来，礼是贵族的法，是小圈子的规矩；法是老百姓的礼，是实现更大范围统一的基础，也是所谓"大一统"的基础。

不过，更好的说法，也许是欧阳修的论断。他说，三代之制是礼乐之制，而秦代只有严刑峻法，是法制。秦片面强调以刑名治天下，天下遂不堪命。秦以降，仅仅以法来对付老百姓，这其实是不知道非但贵族有礼，老百姓也有礼。

那么，什么是老百姓的礼呢？

老百姓的礼，就是指衣食住行、婚丧嫁娶、迎来送往、敬天法祖的规矩。因此，最好的制度，是礼法结合；最好的治理，是德治、法治与自治的有机结合。

礼制与法制结合，这样的规矩，才是最好的规矩；德治、法治、自治的结合，这样的统，才是"通三统"，才是真正的大一统。

因此，今天我们应该在法治的基础上，融入礼治的元素，让每一个人都能在法律的约束下自由生活，同时也能在礼的熏陶下成为一个有道德、有文化的人。

第二章

为什么汉武帝认为，一旦出河西走廊，就会面对一个美丽辽阔的新世界？

河西走廊是古丝绸之路的枢纽路段，东西方文化在这里相互激荡，积淀下蔚为壮观的历史文明

（资料图片）

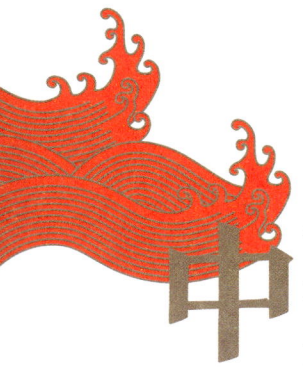

中华文明有开放的基因，它在与其他文明的交流互鉴中不断焕发新的生命力。我们最初的开放，是面向西南方向的世界。

先讲一个故事。有一种鸟，叫"北京雨燕"，每年7月中旬，它们离开北京，经蒙古国、中亚地区，越过红海，到达非洲中部，在刚果盆地或邻近区域短距离移动后，再缓慢南下，最终到达越冬地——南非高原。次年2月中旬，它们向北迅速移动，在刚果盆地东部逗留近1个月后，转向东北，离开非洲，不远万里飞回春天的北京。

北京雨燕一路经过的亚洲和非洲的国家和地区中，有不少是"一带一路"共建国家，所以北京雨燕也被称为"一带一路生态大使"。

神奇的北京雨燕为什么要沿着这样的道路迁徙飞翔？答案很简单——这是自然和气候的原因。简而言之，就是因为这条道路上气候适宜，生命勃发，物产丰富。

雨燕有飞翔的优势，能够高飞而远望。我们的前人认识到在西南方向存在着一个气候适宜、生命勃发、物产丰富的美丽新世界，则是在西汉时期。

秦始皇建立统一的郡县制之后，把人民进一步组织起来，修建长城。长城是大规模有组织劳动的产物，象征着强大的凝聚力。长城也是农耕与游牧两种文明的分界线。

农耕与游牧这两种文明形式的大规模融合，最初发生在河西走廊。认识河西走廊，需要我们再次把目光转向史前的造山运动。

随着喜马拉雅造山运动，祁连山崛起，在山麓形成了一个状似走廊、全长约 1000 千米的狭长地带。因为处于黄河以西，所以这里被称为河西走廊。

河西走廊，东连黄土高原，北接蒙古高原，西连西域。汉初，匈奴占领了河西走廊和蒙古高原中部地区，对汉王朝构成了严重威胁。匈奴不断南下劫掠，这种情况持续到汉武帝时期。

公元前 139 年，汉武帝刘彻决定派张骞为使臣，前往西域联系大月氏人，以形成对匈奴的夹击。

汉使张骞带领一百多人从长安出发，日夜兼程西行，他们后来被匈奴俘获，遭到长达十年的软禁，张骞还娶了匈奴女为妻。

后来，初心不改的张骞侥幸逃脱，他携匈奴妻子历经艰辛继续西行，先后到达大宛、大夏、大月氏，而后又几经周折，返回长安。

张骞历时十多年，完成"凿空"之旅，自西域归来。雄才大略的汉武帝终于决定打通并控制河西走廊，使贯通欧亚非文明的丝绸之路，呈现出宏大的图景

　　张骞到达的地方就在今天的中亚地区，那里有两条大河（阿姆河、锡尔河），从帕米尔高原和天山山脉向西流淌，孕育了中亚地区的文明。中国历史上把那片区域称为"河中地区"。

　　史书上把张骞的首次西行誉为"凿空"，即通过河西走廊，

《汉武帝经略边疆遣使丝路》 冯远 画

在天山和帕米尔高原开凿出一条道路。众所周知,这条道路也就是后来串联起东西方文明的伟大的丝绸之路。

正是他这次千难万险的出使,为中国打开了一片新天地。正是在大夏的市场上,张骞看到了大月氏的毛毡、罗马帝国的海西布，还有我们四川的邛竹杖和蜀布。他由此推知：由此向西，世界很大。

张骞出使西域，使雄才大略的汉武帝认识到：一旦出河西走廊，就会面对一个美丽辽阔的新世界。为了走向这个美丽辽阔的新世界，汉武帝终于下定决心，打通并控制河西走廊，彻底解除匈奴对汉的威胁，走向中亚河中地区。

从此，多少英雄纵横河西走廊和西域、中亚，霍去病等名将因此登上了历史舞台。

通过面向中亚河中地区的开拓，汉武帝把秦始皇的制度扩大了，他深刻认识到：与中原以外的地方打交道，要靠贸易。汉武帝时代的儒生们，为汉武帝的制度与思想寻找合法性，他们还给这种贸易起了一个好听的名字，叫"朝贡"制度。

秦始皇限制商人，而汉武帝则相反。汉武帝改变政策，招募大量商人到西域经商。这不仅促进了东西方的商贸交流，也使得汉朝在收取关税方面取得了巨大利润。

面向天山两路的阳关和玉门关，从此成为

由河西走廊通向西域的雄关。出河西走廊，穿越帕米尔高原，到达中亚河中地区，再从那里，经过伊朗高原，穿过西亚，就到了地中海沿岸。

罗马人很快就加入这条商道，其主要原因就是丝绸。

从公元前1世纪起，罗马人开始狂热地迷恋中国神奇的丝绸——当时的罗马人以为丝绸是从中国的桑树上摘下来的。

自古以来，边疆地区各族民众以及异国商旅间的相互贸易、文化交流几乎从未中断

《边塞贸易》 宋智杰（黑子） 画

当罗马人在公元前 30 年征服埃及后，丝绸贸易被推向北非。于是，一条联系欧亚非的商路形成了，这就是伟大的丝绸之路。

随着丝绸贸易在中亚、西亚、南亚，甚至非洲和欧洲之间迅速发展，无数新奇的商品、技术与思想源源不断地传入中国。欧亚非大陆之间的贸易沟通变得规则、有序。

丝绸之路是由中国缔造的第一个"世界制度"。

用税收治理郡县，用贸易与周边打交道，汉武帝很得意地认为：这才是"治天下"。

河西走廊把汉与中亚联系在一起。汉宣帝神爵二年（公元前 60 年），汉帝国跨出河西走廊，进一步建立了对西域的直接管辖机构——西域都护府。以在西域设立官员、驻扎军队、实行郡县制为标志，汉帝国对西域行使主权管理。丝绸之路这条东西方交流之路，进入了繁荣的时代。

汉和帝永元九年（公元 97 年），西域都护班超派甘英出使罗马（大秦），甘英到达西海（波斯湾）而归。这就是王国维后来赞叹的"千秋壮观君知否，黑海东头望大秦"。

追求富强和开放，融合郡县与封建，促进文明间的交流互鉴，这是中华文明自古已有的特质。

第三章

为什么说唐朝是当时世界交通的中心？

唐代周昉《簪花仕女图》局部。画中的侍女纱衣长裙、花髻、广眉、花钿，呈现出大唐盛世贵族的生活情态

（视觉中国 供图）

公元2世纪的时候,绵延了四百年的汉王朝逐渐衰落并最终崩溃。这是一个混乱的时代,但也是一个民族融合的时代,更是一个创新的时代。在破坏、混乱的同时,民族融合也给我们带来了很多新的东西。

从文化层面看融合创新,比如说佛教的传入。隋炀帝曾率军亲征,与西域各国会盟于河西走廊的武威,使丝绸之路更加繁盛,佛教就是沿着河西走廊传入中原的。

唐代的长安城繁花似锦,有许多的佛寺,这是汉代长安所没有的。整座城市面积超过80平方公里,人口约100万。

就日常生活而言,比如隋唐以降,服装分上下身,男女都穿分裆的裤子,这都是受到骑马游牧民族的影响。

从制度的融合与创新上讲,那就是均田与府兵制度。

魏晋南北朝天下大乱,小部分贵族逃向河西走廊避难,大部分则不得不南迁。于是,统一了北方的北魏,率先开始了均田制度,也就是把贵族逃亡后留下的土地没收并分给基层百姓。

唐代的均田是在北魏基础上发展起来的。唐均田制有一个特点，就是军队平时耕种土地、自耕自食，战时出征打仗，这种亦兵亦农的军队，叫府兵。

《木兰辞》当中所述："昨夜见军帖，可汗大点兵，军书十二卷，卷卷有爷名。阿爷无大儿，木兰无长兄，愿为市鞍马，从此替爷征。东市买骏马，西市买鞍鞯，南市买辔头，北市买长鞭……"木兰家的名字，就列在"军书"上，像这样入了军籍的人家，就是府兵。

秦汉兵制，就是农民当兵，因此叫作"寓兵于农"，缺点是训练粗放，调动集合不方便；唐代的府兵，是从事农业生产的大军区，所以叫作"寓农于兵"，这解决了军队集中训练的问题。唐代，百姓与皇帝通过均田与府兵建立直接联系，靠的是军书和户籍。

当然，唐也不是靠农民武士府兵治天下的军政府，隋唐还开创了科举制度，即通过考试来选拔人才的制度。

《我是花木兰》 郁蓉 画

027

"九天阊阖开宫殿，万国衣冠拜冕旒。"唐太宗励精图治，贞观年间出现了"万邦来朝"的繁华盛世

如果说长安有军政府的色彩，那么洛阳则更具有文政府的特点。自武则天之后，皇帝久居洛阳，开科举，倡诗歌，洛阳文士云集，在这种风气的影响下，唐朝由军事政权逐渐向文官

《贞观盛会》 孙景波 李丹 储芸声 画

朝廷演变。

　　隋唐的一大历史功绩，就是修建贯通南北的大运河，正是大运河，为中国南北的统一，奠定了坚实的交通与经济基础。

隋唐大运河以洛阳为中心，北至涿郡（今北京），南至余杭（今杭州），贯通黄河、海河、淮河、长江、钱塘江五大水系，

此图显示了隋代的运河体系。其实各区域的运河，自春秋时期就已经开凿。隋唐以宏大的气魄，把全国的运河贯通起来，这是人类历史上最为浩大的水利工程，是与万里长城并驾齐驱的人类文明奇迹。于是，世界文明史的研究者，把中华文明称为"治水的文明"，密集的交通网络和市场交换体系，造就了盛唐的辉煌

（资料图片）

跨越十几个纬度，是世界上开发最早，当然也是最长的运河。它形成了全国规模的大市场，水利交通最发达的江南，则成为市场的核心，从此，中国的基本经济区转向长江流域。大运河作为连接南方经济区与北方政治中心的纽带，极大地促进了南北生产与交换。沿运河建立的城市都是中国重要的城市，漕运是中国政治、经济的动脉，运河则是中国经济社会"内部大循环"的依托。

大运河通向海洋，联系起陆地与海洋，那个时候，经过海路来唐朝的阿拉伯人很多，根据长相唐人称其为"菩萨蛮"。

盛唐中国，就是这样成为世界交通与贸易的中心。

唐代强盛的基础，在于军事力量强大。唐以府兵起家。要在唐代成为人物，就必须去当兵，甚至连李白这样的诗人，也都在幕府和兵府里面干过。边塞诗是唐诗的重要组成部分。

与中国历朝历代不同，唐最重视兵，历代有门阀、财阀，而唐的特点是有军阀。唐之兴，在于兵；唐之乱，也在于兵。一旦门阀、财阀与军阀结合起来，唐的兵制，盛极而衰。

到了唐代中期，欧亚大陆上伊斯兰势力迅速崛起，信仰伊斯兰教的阿拉伯人被称为白衣大食，信仰伊斯兰教的伊朗人被称为黑衣大食。随之，黑衣大食的阿拔斯王朝与唐在中亚地区展开激烈角逐。那场战役之后，唐内部爆发了安史之乱。战争导致了造纸术的外传，撒马尔罕和大马士革成为新的造纸中心。

概括起来说，秦汉唐以来，随着中国越来越大、越来越强，发展越来越快，一个新的问题出现了。这个问题就是如何保持平衡与"稳定"，如何消除门阀、财阀与军阀。

对于中国这样一个巨人般的国家而言，只要掌握好内部平衡，即使走得慢一点，一时也不是什么大事。但是，这个巨人一旦失衡跌倒了，那么后果和代价就是沉重和巨大的。

作为一个大国，中国的一个特点就是不平衡。中原与边疆、南方与北方、中央与地方，一旦失去平衡就会犯颠覆性错误——这是在追求发展、追求富强的同时，必须面对的最基本国情。

正是基于这样的判断，一个新的时代开始了。这个时代的主题，不是简单地追求富强，而是追求内部稳定和内部平衡。

陆上与海上丝绸之路，连通世界，使唐朝富强一时，促进了东西方文化交流。图为古代丝绸之路上的重镇敦煌的莫高窟壁画

（视觉中国　供图）

第四章

为什么宋代很富有却总被称作"弱宋"呢?

繁荣的城市、兴旺的商业、丰富多彩的市民生活,《清明上河图》描绘了北宋都城汴京(今天的开封)的繁华景象,体现了宋代经济的富庶和社会的繁荣。然而,《清明上河图》也间接反映了宋代的军事弱点。画中,城墙的防御设施相对简陋,城外的军事防御也不够严密

(资料图片)

宋代以后，人类文明进入公元后第二个千年。在这第二个千年里，世界逐渐发生了重大变局，宗教冲突的时代来临了。

伊斯兰教在创立之初，就面临着与基督教和犹太教的竞争，这些教派都认为自己的"上帝"是唯一的"上帝"。正是围绕着宗教冲突，在世界其他地方，一个漫长的宗教战争时代开始了。

与血腥的宗教战争时代不同，中华文明在这一时期率先进入哲学时代。宋代的中国人，把儒释道三教融合起来，经过艰苦的努力，创造了我们称为"理学"的哲学世界观，从而使中国的哲学，走在了人类文明发展的前列。

那么，唐代灭亡之后，中国面临的问题是什么呢？

从外部说，"夷狄"们忙于战争，宋代对付他们的办法，主要还是贸易；从内部说，就是如何削平门阀、财阀与军阀。

那么，唐代崩溃之后，中国统一的基础是什么呢？

从思想上来说，当然就是以理学为标志的哲学。如果从制度上来说，这个统一的基础又是什么呢？

这个基础叫"法度"，这个法度不是一般的法度，是以哲学为基础而形成的一整套治理体系。

关于治理体系的思想，产生于唐中期，完成于宋。那个时候，作为"唐宋八大家"之一的柳宗元在文章里指出：天下不安的原因，就在于没有一套完善的治理体系，即没有完善的制度。

例如，唐代的制度太偏向兵，所以，唐之乱，是兵乱。汉代的制度，偏向封国，汉代的乱，是封国造反。秦代的制度更不完善，它太偏向行政，秦代的崩溃，是苛政太过。

柳宗元指出，要实现长治久安，就必须有一套比较完善的治理体系。

这一治理体系，在宋代既然由被称为理学的哲学来支撑，那让谁来治理国家呢？自然不是门阀、财阀、军阀，而是读书人和哲学家。

宋代就是读书人和哲学家治国的典范。"理学"就是哲学，就是理性之学。

于是，科举制度在宋代终于成为国家基石。宋仁宗一朝，就录用了2000名进士。从种地当兵，走向了种地读书。读书做官，学而优则仕。

宋代以后的中国，以士大夫官僚阶级为核心，建立起比较完

《文会图》描绘了皇帝和文臣们饮茶、品酒、赋诗的场景。宋徽宗赵佶本人喜爱茶,经常宴请群臣,这从侧面也反映了宋代读书人的地位

(资料图片)

善的国家制度体系，这包括严格的科举考试制度、官员选拔考核监察制度、募兵制度，以及税收制度等。

在世界的眼里，唐代是当时世界交通的中心，宋代是世界哲学与治理体系的发源地。宋代与唐代一样，都走在世界前列，因此，都非常值得我们骄傲。

但是，这只是一个方面。从另一方面讲，我们也不要忘记，宋这个朝代，文明而弱，富而不强，一向被称为"弱宋"，这是为什么？

简单地说，这是因为制度与治理不是一回事，治理体系与治理能力，也不是一回事。不是说有一个比较好的哲学，就会有比较好的制度；也不是说，有一个比较完善的治理体系，就一定会形成比较强的治理能力。

"登临送目，正故国晚秋，天气初肃。"宋神宗时期，王安石开始推动著名的变法改革。

故国晚秋，意思就是说季节和风气变了，过去的风气是种地打仗，现在的风气是种地读书。不仅耕读传家，而且一旦读书，就不必种地。从此之后，读书人非但不能打仗，而且也不会种地；非但不会种地，而且连算账都不会；他们会的就是谈哲学。但是，让一批谈哲学的人去管理国家，这可以吗？这样的风气，难道是一种好的风气吗？

其实，早在宋仁宗时期，王安石就给仁宗皇帝写了关于变法的万言书。王安石认为，一切制度的主体都是人，治理成败的关键就在于怎样选人用人，而选人用人的基础则在"培养什么样的人，如何培养人"这个根本问题。

宋仁宗时期是科举考试录取人数最多的时期，但王安石认为，科举考试与教育不同。教育的目的就是培养有治国理政能力的人，特别是懂经济、会理财、能打仗的人。科举的目的是培养会考试的人，如果把重点放在背诵和"课试文章"，其所选拔的只能是一批庸人、废人、毫无实际能力的人。

连马都不会骑的人，怎么治国理政？于是，王安石在学校里设置操场，让学生练习骑马。

提出这个问题的王安石，遭到了很多读书人的反对。

到了南宋，陆九渊等人与朱熹辩论，倡导心学。他们认为，知识不等于哲学，哲学不等于读书，读书不等于只读孔孟。而孔孟之所以是圣人，不是因为读书谈哲学，而是因为他们心怀苍生。如果只是心怀书本知识，渺茫地谈哲学，而忘记了天下苍生，这种知识、这种哲学，就违背了圣贤的初心——仁。

那么，学问是什么？哲学是什么？"大学之道，在明明德，在亲民，在止于至善。"既然"大学之道在亲民"，那么天下只有一事，就是民事，即老百姓的事。

陳清波春曉圖

《湖山春晓图》描绘了南宋时期的一位文人骑马赶考的场景。画中的文人后面跟着两名童仆，他们走在春天的湖色中，准备参加春闱大考

（资料图片）

陆九渊把儒家思想归结于一事，就是"亲民"，就是把老百姓的事当成自己的事，这就是以天下为己任。与万物一体，这才是仁；与百姓同心同德，这才是德。离开了仁与德，空谈以哲学和法度治天下，这岂不是背离了圣贤的教诲。

概括起来说，宋代很好，因为它讲哲学，讲治理体系，放在当时的世界来看，这当然非常先进；但宋代又很不好，不好的原因，就是它的哲学、它的治理体系，无论多么完善周密，但完全脱离现实，脱离最广大的人民群众，从而也脱离知识与治理的根本基础，最终堕落为一种完全的空谈。

所以，欧阳修说，宋代的问题是官冗、兵冗、财穷，而且财越多、国越富，则官越冗、兵越弱。

于是，宋代讲了几百年哲学与法度，但几百年下来，它不断割地赔款，日日忧患，被北方少数民族打得一退再退，最终被蒙古人所灭亡。

第五章

呐喊着"天下兴亡，匹夫有责"的古代读书人都做了什么？

科举制度是中国历史上考试选拔官员的一种制度。位于南京的江南贡院，是中国历史上规模最大、影响最广的科举考场，被誉为"中国古代官员的摇篮"

（视觉中国 供图）

到了元代，蒙古人实行全民皆兵的军事制度，蒙古骑兵横扫欧亚大陆，把汉代开拓的丝绸之路完全贯通。海上丝绸之路和陆上丝绸之路连接了世界交通。元代第一次打通了欧亚大陆的商道，开启了世界交通的新时代。

元代当然也开创了中国历史的新时代，即包纳游牧、定居和海洋文明的新的大一统时代。这一点，后来被清代继承了。

明代部分地继承了元代所开创的世界交通时代。随着美洲的发现，白银和美洲作物输入中国，中国经济对于东南沿海的依赖越来越大，中国沿海与西方的关系越来越深，世界历史数千年未有之大变局——海洋时代，已经在酝酿之中。

从制度上讲，明代是宋元奇妙的混合体。明代也讲哲学（即理学），不过明代的哲学更窄，理学只有朱子一家。明代的科举考试，以朱熹的著作为定本，这也许因为朱熹姓朱，明代也姓朱，朱元璋近乎文盲，但对朱家出了朱熹这样的大儒却很得意、自豪、推崇。

明代的所谓治理体系更完善，或者更暴力。明代发明了东厂、西厂维护治理体系的新办法，对官员动辄廷杖，当众打屁股。明代文人参加科举考试，写的文章必须是一个格式或者腔调，这就是八股取士。

在这么完善而又如此简单粗暴的制度下，难怪明代几百年，几乎就只出了一个半思想家，一个是王阳明，另外半个是李贽。他们比较共同的主张是"人人皆可为圣贤"。什么是圣贤？我心即民心，圣人无常心，以百姓心为心。

王阳明是第一个考虑"结合"的思想家，他要把知与行结合起来，他的名言是：知者行之始，行者知之成，圣贤只一个功夫，知行不可分为二事。反过来的意思就是：为什么越读书，越完善制度，反而越不能办事了呢？

知行合一——王阳明很行，因为他一路平定了宁王叛乱，把盗匪横行、万家诉讼的江西、广西等地治理得风调雨顺。他不但平定了山中贼，更平定了心中贼，即以乡规民约，化解了基层的戾气、怨气。

知行合一——王阳明又很不行，他二十岁就被发配龙场，一辈子也就干了五年事。大好时光，都投闲置散。他在平叛路上还被举报，面临朝廷查办，所以，他的遗言是"我心光明，夫复何言"。

知行合一，这条路能走通吗？

无论行得还是行不得，今天看来，王安石、陆九渊、王阳明提出的问题是重要的。还要使读书人更加联系实际，能够"接地气"——这就要求读书人、执政者牢记：吃百姓饭，穿百姓衣，莫道百姓可欺，自己也是百姓。也就是要求他们以百姓心为心。

中国文明的承担者是百姓。明亡之际，清兵入关，百官望风而降，却不料在中原和江南遭到老百姓的强烈反抗。他们反对的，不过是一纸"剃发令"；他们要捍卫的，是衣裳、发肤，是衣食住行、婚丧嫁娶、敬天法祖这些延续千年的礼制，是自己日常生活的重要行为指南。

天下不在朝廷，大道不在书本，礼制就在民间，天理在百姓之中，顾炎武终于深刻地认识到了这

王守仁，号阳明，明朝杰出的思想家、军事家、教育家，提出"心学"思想，创立阳明学派，对后世有较大影响

《阳明学派——王阳明和他的弟子》
张文惠　画
宁波美术馆藏

一点，于是，他发出了"有亡国，有亡天下""保天下者，匹夫之贱与有责焉耳矣"的呐喊。也就是梁启超后来说的"天下兴亡，匹夫有责"。

明清之交的顾炎武，大力倡导调查研究。他几乎走遍了大半个中国，《日知录》就是他亲身调查研究的结果。他认为：要改造中国，就需要了解中国的国情，而要了解中国的国情，就必须亲身去老百姓那里做实地调查。

顾炎武，今江苏昆山人，明末清初杰出的思想家、经学家、史地学家

（视觉中国 供图）

与他同时代的顾祖禹则穷毕生之力，写下《读史方舆纪要》——这是青年毛泽东在湖南一师时代最爱读的书之一。

明代灭亡了，严密的治理体系崩溃了，空谈哲学和理学的时代终结了，学风、文风，向着行路、调查、实践迅速地转变。问题在于，哲学、制度如何与中国的实际、中国的基层相结合。

正是在这条追求"结合"的路上，明清的学风转变了，中华文明发展的大方向转变了。

回顾历史，黄宗羲、王夫之则说，秦、汉、唐之亡，皆自亡也；宋亡，则举黄帝、尧舜以来道法相传之天下而亡之也。这就是说，宋代以来的哲学与治理体系，完全脱离了天下百姓，没有与中国的实际、中国的老百姓结合在一起。因为没有结合，所以，哲学变成空谈，制度变成了教条，有宋以来的哲学与制度，就变成了专制，有宋以来的专制，是哲学的专制，是制度的专制，是以理杀人，是以法困人。黄宗羲说，对付这种专制的办法，只有破坏，只有暴力，只有革命。

多年之后，晚清的严复在其翻译的名著《法意》里重申了这种观点。在严复的视野里，有宋以来的中国，就不再是一个文明国家，而是一个以文明之名行专制的国家。正是受了他们的启发，中国革命的先行者孙中山先生认为，推翻这种以文明为名的专制体制的办法，只能是革命与暴力。

魏源和林则徐，被称为最早开眼看世界的中国人。

魏源是第一个力图把中华文明与西方文明结合起来的人，也是第一个尝试把中国文化与中国的历史地理结合起来的人。

自古以来，中国就是一个多民族国家。魏源的两部重要著作《圣武记》和《元史新编》的突出特点，就是以两个少数民族——女真族和蒙古族为主体，叙述中国历史乃至世界历史，特别是总结了清代治理西藏、新疆和蒙古的历史经验。

魏源把世界上的文明划分为居国、行国、海国，即农耕文明、游牧文明和海洋文明。魏源认为中华文明是草原游牧文明、中原定居文明和海洋文明的有机统一。

从草原、中原还是海洋的视角看中国看世界，会产生不同的理解。中原地区的农战，不能应对游牧民族的运动战，这已经为中国历史所证明。同样的，陆上的骑兵，也不能应对海战，这也被鸦片战争的失败所证明。

《圣武记》是魏源在中英签订《南京条约》的时期写成的。此后，清王朝因外敌的入侵而逐渐支离破碎，无数的仁人志士走上了对传统中国改良和变法的道路。因此，《圣武记》可以被认为是传统中国最后一部经典，它对清王朝"十全武功"的整理，也启发了现代中国道路的开辟。

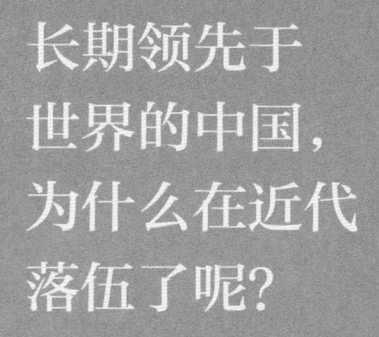

长期领先于
世界的中国，
为什么在近代
落伍了呢？

圆明园，清朝帝王的一座大型皇家宫苑。1860年，第二次鸦片战争期间，遭英法联军疯狂抢劫和破坏。1900年，八国联军侵华，圆明园又一次遭到破坏

（中新社　供图）

第六章

晚清时期，当中国与英国相遇，"数千年未有之变局"发生了。众所周知，大变局起于鸦片战争。这场冲突，从根源上说，是典型的文明与文化的冲突。

英国人与中国人，具有完全不同的文化基因。

英国的文化乃至整个西方文化，首先是在欧洲内部旷日持久的宗教混战中形成的。其次，则是在突破中世纪的长期地理隔绝，特别是在突破奥斯曼帝国长期封锁中建立起来的。

英国地洼气寒，孤悬海上，农业不发达，人们要靠跨海贩卖才能谋生。这种战争体系与商业体系的结合，推动了英国资本主义的发展。英国文化的根是战争与贸易，英国百姓的主体是海盗、手工业者与商人。中华文明的根是农耕，中国人民的主体是农民。

英国的治理者是武士和教士，而有宋以来，中国的治理者是文人。英国有宗教，中国有哲学；英国有宗教战争，中国的哲学是和平的。英国基本上没有什么哲学，它所有的叫科学。英国的科学，是从工匠手工业和做生意的经验发展出来的知识体系。

相对而言，中国的理学虽然比较高深，却是一种不着边际、与生产劳动无关的空谈。正如马克思所说的那样，近代科学是从行会里发展出来的，一部分行会师傅后来成为资本家，学徒和失地的农民则变成了无产者，而资本主义制度的治理者（资本家集团和资产阶级）以资本为核心，建立了一个利润驱动、充满暴力掠夺色彩的治理体系。

当文人遇到武士，当哲学遇到宗教，当农民遇到商人，当农耕遇到机器，当财富遇到资本——鸦片战争发生了，胜负仿佛在一瞬间就见了分晓。

可以这样说，在中华民族的数千年历史上，所遭逢的艰辛挫折难以计数，然而，上下五千年，没有一次艰难遭逢，可以与近代中国的命运遭际相比拟。

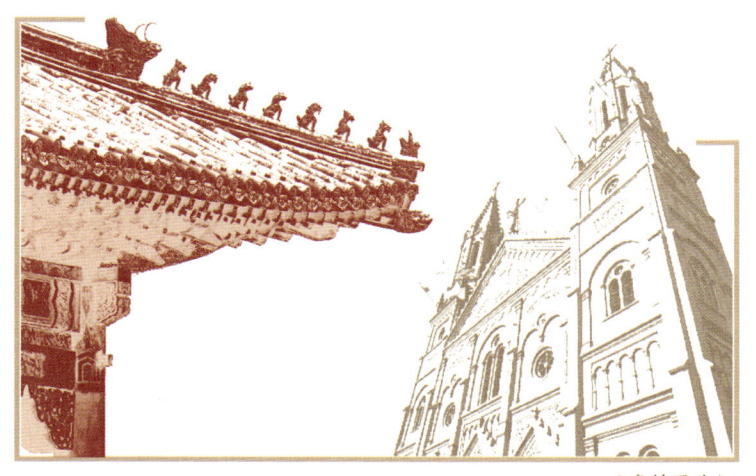

（资料图片）

近代中国所遭逢的"数千年未有之变局",是指近代中国的双重困境:非但在"实力"上打不过西方列强,而且面对"世界大势,浩浩荡荡",面对弱肉强食却蒸蒸日上的"西方文明",古老的中华文明似乎在"道理"上陷入理屈词穷,在"道路"上也已穷途末路。

非但"实力"不足,而且"道理"不通,这是中华文明自周秦奠基成熟以来,从未遭遇过的全面之挑战;这是国家、民族的大劫难,更是文明的大劫难。

仿佛是一个伟大文明的落日余晖和回光返照,晚清出现了许多天才的学者和思想家,他们以博大精深的学问,讲解着中华文明之伟大。在这些最后的天才的视野里,西方只知道国家,而不知道何谓天下;西方只知道契约、买卖与法,而不知道礼是何物;西方只知道霸道,而不知道何谓王道;西方只讲所谓公理,而不知道什么叫天理;西方只有名为科学的技艺,不知道什么才是真正的知识与大学之道,等等。

但是,西方根本没有任何兴趣听这些玄妙的学问,你打不过我,而且我比你有钱,这已经是结论。

其实,关于天理与天下,关于礼乐之制与大学之道,这些有宋以来的文明的精华,我们已经讲了一千多年,但根本的问题在哪里呢?

由此上溯到一千八百四十年,从那时起,为了反对内外敌人,争取民族独立和人民自由幸福,在历次斗争中牺牲的人民英雄们永垂不朽

人民英雄纪念碑浮雕
虎门销烟(局部)
(视觉中国 供图)

  根本的问题,在于讲错了时间,讲错了地点,更关键的是讲错了人。这些东西如果只是讲给少数人听,为少数人所掌握,无非是少数人自说自话,自己讲给自己听,最终必然沦为失去天理、天下、大道的糟粕。如果讲给外国人听,那么就等于对牛弹琴,鸡同鸭讲。

  历史告诉我们,千百年来,关于天理与天下,关于礼乐之制与大学之道,在这个世界上,不是只有学问高深的人才能懂,其实中国的老百姓都能听懂,也都相信。

陆九渊、王阳明、顾炎武、王夫之早就指出:天理与天下,礼乐之制与大学之道,中华文明的这些精华,不只是藏在书本里,也不是只有哲学家才知道,更不是在什么完美的规矩里。其实啊,它们就藏在普通老百姓的心中。

离开民心,离开人民,就没有天下。离开了农耕文明,离开了中国人民,离开了面朝黄土背朝天的农民空谈所谓天理与天下,礼乐之制与大学之道,最终必然沦为以文明为名的专制的工具。

因此,问题在于中国文化、中华文明,究竟与什么相结合。

1894年爆发的中日甲午战争,以中国的失败告终,中华民族的危机进一步加深

《甲午·1894》 王力克 画

如果离开了中国大地，离开了全中国的老百姓，这种文化无论多么深奥，多么完善，那都无非是空谈。

鸦片战争之后，中国经济的命脉——长江流域基本经济区被西方列强占领，清王朝陷入财政危机。1855年，黄河水患，大运河中断了，再加上天文数字的赔款，清王朝的财政近乎破产，建立在小农经济基础之上的中央集权制度随之瓦解。最终，北洋水师在甲午战争中战败，中国的京畿腹地和东北地区也守不住了。

1901年，丧权辱国的《辛丑条约》签订。这份条约要求中国赔偿11个国家白银本息合计9.8亿两，再加上地方赔款，中国总共需要拿出10亿两白银，才能满足列强难填之欲壑。这个数额相当于清王朝12年财政收入的总和。国难当头，而"国难"和天文数字的赔款，自然全落在了灾难深重的中国人民头上。列强索要白银10亿两，黎民苍生就要交20亿～30亿两。

近代中国的命运，就是这样一个悲剧性的零和博弈；近代中国所陷入的，是走投无路的"死循环"：为了赔款，就必须对人民竭泽而渔，杀鸡取卵，其结果必然是官逼民反，朝廷自寻死路；而如果不进行现代化，不维新自强，中国就必然落后挨打，还会继续沦为列强的"提款机"，其结果同样是自取灭亡。

近代中国，还存在着这样一个戏剧性的循环，那就是百姓信官和读书人，读书人和官信洋人。于是，就出现了这样的循环：

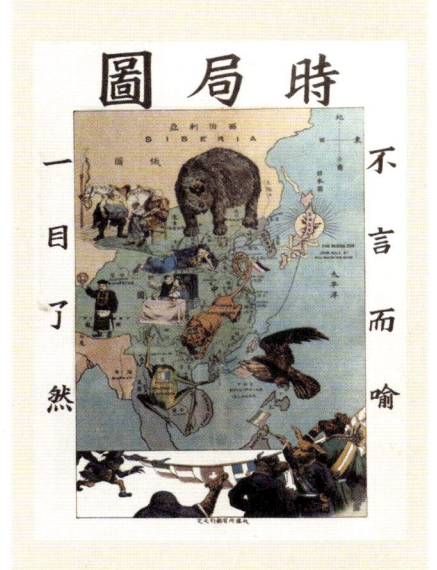

这是晚清的一幅时事漫画，它展现了中国在世纪之交面临的被帝国主义列强瓜分豆剖的严重危机

（汇图网 供图）

老百姓怕官，官怕洋人，洋人怕老百姓。

对于晚清的改革者来说，中国面临的迫切问题，还不是建立一个什么样的政治制度的问题，因为中国所面临的问题是人民根本就不关心政治。中国老百姓对于政治的态度是完全消极的，以为那不过是读书人和官员的事情。

以毛泽东为代表的中国先觉者们终于认识到，鸦片战争摧毁了中国精英阶层的自信，让他们不迷信西方与洋人，几乎是难以做到的。要使中国站起来，首先要确立人民的自信，要确立人民的自信，就是要确立起最广大的农民的自信，这就必须使他们认识到，天理、天下、知识的根源，就在他们这一边，政治的主动权，就掌握在他们自己手里。

第七章

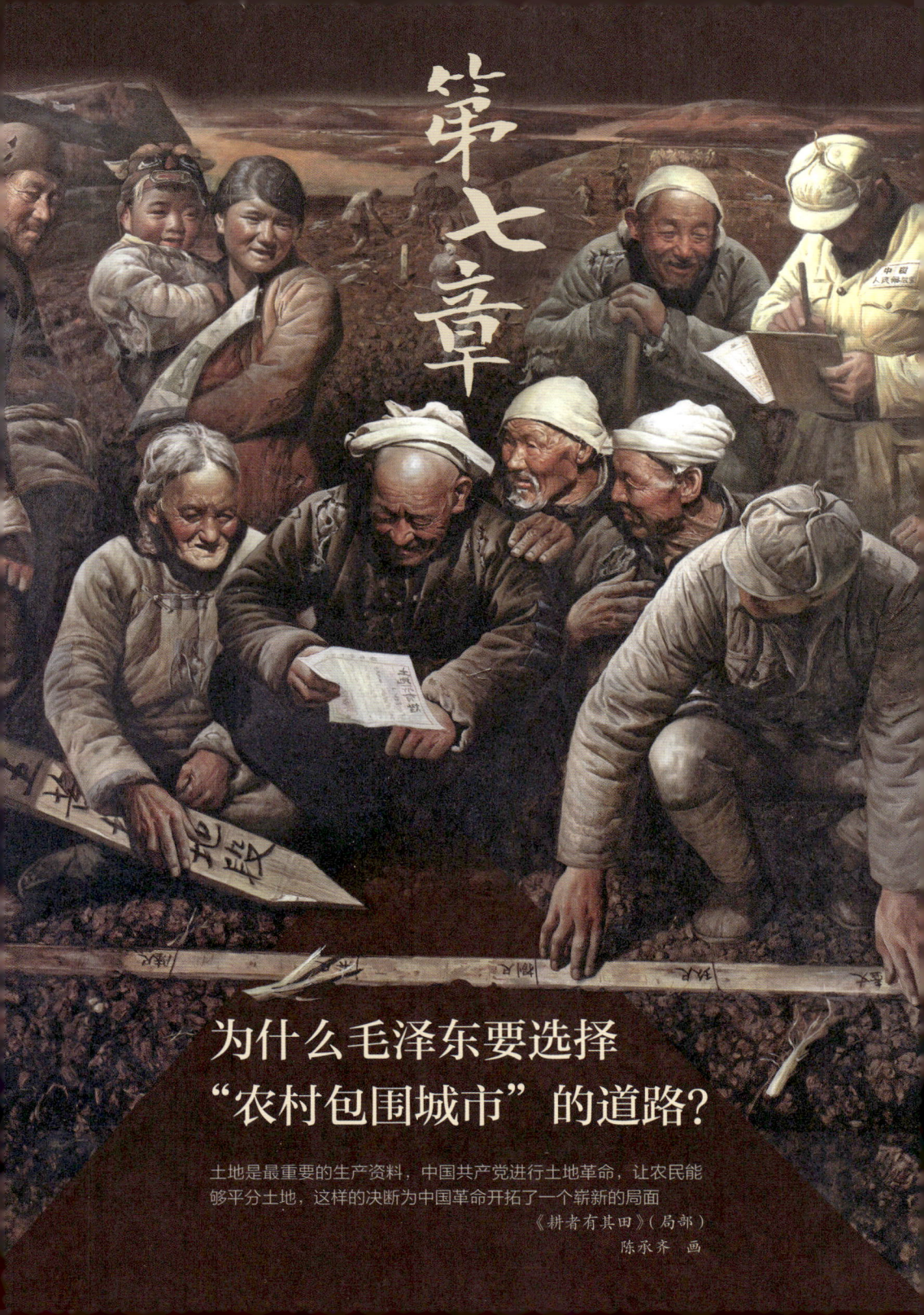

为什么毛泽东要选择"农村包围城市"的道路?

土地是最重要的生产资料,中国共产党进行土地革命,让农民能够平分土地,这样的决断为中国革命开拓了一个崭新的局面

《耕者有其田》(局部)

陈永齐 画

我们革命的目标，就是反帝反封建。但是，究竟靠什么去反，这个问题孙中山没有解决，我们共产党也没有解决。这一点，毛泽东同志很早就指出来了。

毛泽东风趣地说，中国好比五个指头，农民是大多数，占了四个；无产阶级和小资产阶级，算一个；至于民族资产阶级，那只能算个指甲盖。你闹革命，靠民族资产阶级和小资产阶级不行。比如你要求开会，他们一看你家里没有家当，人就那么几个，他就说老婆生病，不能来开会。但是，你把农民团结起来，再来叫他开会，他看到你家当很多，他就说，我老婆很好，可以开会。

毛泽东还说，我们共产党过去不了解农村，也不理解农民，因为我们只会平面地看问题，不会立体地分析农村和农民。怎么叫平面看？就是看农民都是一样的。怎么叫立体地看？就是看农村是个结构，农民有穷有富，有地无地。立体地看农村，就是分析中国农村的社会结构。这个办法是马克思教给我们的，它叫阶级分析。

1925年，毛泽东发表了著名的《中国社会各阶级的分析》。这篇纲领性文献，开辟了马克思主义与中国实际相结合的思考方法。

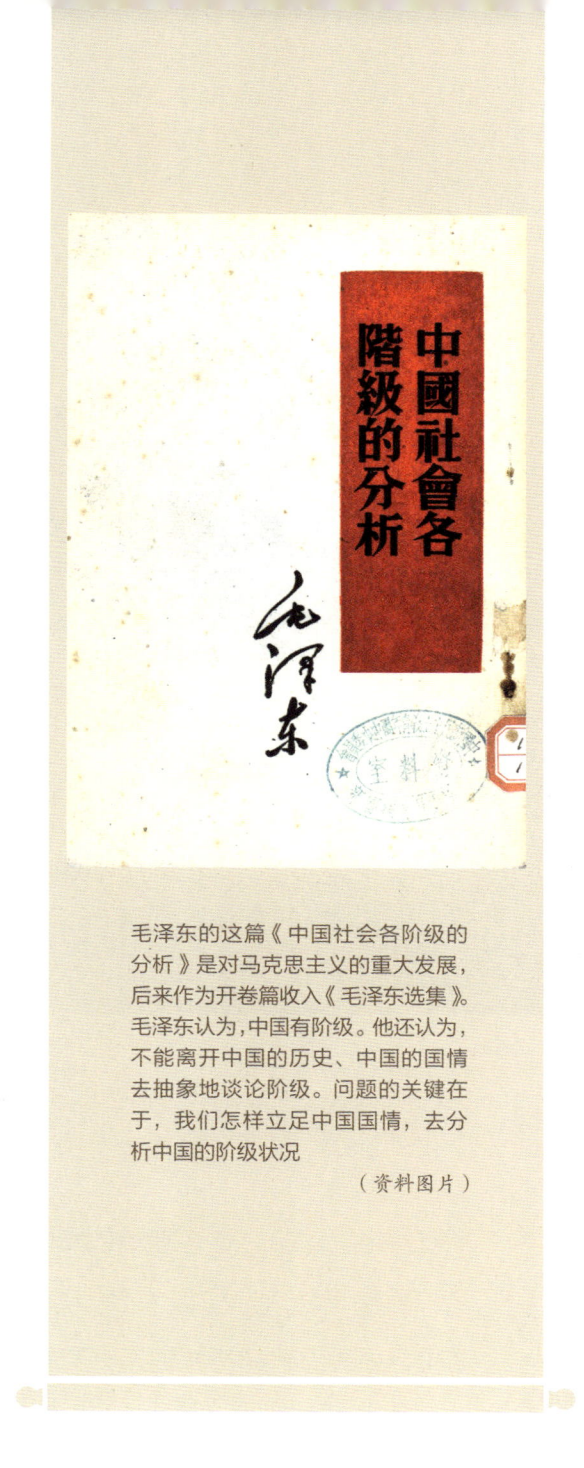

中国人数最多的是农民，农民究竟算不算一个阶级？毛泽东认为：这需要经济分析，但也需要政治组织。如果没有政治组织，经济的力量不会自动变成政治力量。要使农民成为一个革命的阶级、一种政治的力量，就一方面要算账，要经济分析，使他们认清现实的经济关系，认识到自己在经济上被剥削的原因；另一方面

毛泽东的这篇《中国社会各阶级的分析》是对马克思主义的重大发展，后来作为开卷篇收入《毛泽东选集》。毛泽东认为，中国有阶级。他还认为，不能离开中国的历史、中国的国情去抽象地谈论阶级。问题的关键在于，我们怎样立足中国国情，去分析中国的阶级状况

（资料图片）

1927年，八七会议开完后，毛泽东回到湖南，发动、领导了湘赣边界秋收起义

《秋收起义》 何孔德　高泉　冀晓秋　陈玉先　画

要政治组织动员，只有建立农民的组织，农民才能成为一个阶级。

  毛泽东认为，中国人有一种文化自信，它根植于农耕文明之中，因为农耕文明相信四时交替。农民不仅坚信只要辛勤付出，一定会有收获，而且坚信冬天来了，春天就不远了。于是，他坚信无论遇到多少艰难险阻，无论这个冬天多么漫长，万物的复生与复苏一定会到来。

这种自信是一种对天理与天命的自信。这种自信，也是对子孙后代的自信，是儿子死了还有孙子，子子孙孙无穷尽也的自信。这种挖山不止的自信，这种根本上的文化自信，后来被毛泽东概括为"愚公移山"。

文化传承好比基因的遗传。毛泽东在延安说，所谓艰苦奋斗，愚公移山，这就是勤劳基因所决定的。

自宋代以来，中国都是"国家权力不下乡"，上层建筑与经济基础没有结合，知识与劳动者没有结合，毛泽东彻底改变了这一点。1927年，领导秋收起义的毛泽东把马克思主义带进了穷乡僻壤，井冈山根据地就这样建立起来了。毛泽东这个从进攻大城市转向到农村开展土地革命的决断，为中国革命开拓出一个崭新的局面。

通过艰苦细致的社会调查，毛泽东得出了一个极为关键的结论：相对于西方和苏联，中国所谓的"城市"极不发达，中国"城市经济"极其脆弱。大多数所谓城市，不过就是农村的"集市"发展而来的。简而言之，中国的城市因为没有西方那样的工业化生产体系，所以，并不能算作严格意义上的现代城市。

近代以来，中国经济的基础、财政和赋税的来源，其实就是农村。因此，任何真正有力量的政治组织和政权形式，都不可能立足于中国衰弱的城市而建立。

正是基于这样的国情，共产党内那种希望在革命高潮时夺取大城市的设想，是不正确的，并被实践证明是错误的。夺取城市，并不能真正改变中国。那种在革命低潮时散入农村打游击的设想，同样是错误的，因为那就是不能成事的"流寇主义"。

正是在全面分析了中国的国情之后，毛泽东指出：中国革命唯一正确的道路，便是首先在农村建立稳固的红色政权，走"农村包围城市"的道路。

基于对当时中国国情的分析,毛泽东认为,要改变中国社会一盘散沙的局面,就必须从基层组织农民,把农民从政治上、经济上组织起来。组织起来的农民,真心支持和拥护给自己生活带来变革的中国共产党,于是便有了"母亲叫儿打东洋,妻子送郎上战场"的感人场面

《送儿打东洋》 陈承齐 画

抗日战争期间，一个叫埃德加·斯诺的美国人，来到了陕北，见到了毛泽东和他领导的中国共产党人，看到他们治理的边区人民的生活。离开那个荒凉贫穷的地方后不久，他写下了著名的《红星照耀中国》。他在书里称那里的人"是世界上最优秀的男女"，他说，持久的热情、不灭的希望和惊人的乐观主义，还有冒险、勇敢、牺牲和忠诚，像火焰一样贯穿在这片红色的土地上面。

离开了中国大地，离开了中国农民，一切都是空谈。要建立有力量的政权形式和政治组织形式，首先只能依靠中国的农村，这就是近代以来中国最大的国情。

毛泽东在陕北　　埃德加·斯诺拍摄
（资料图片）

埃德加·斯诺的《红星照耀中国》，当时名为《西行漫记》

（新华社　供图）

第八章

中国革命胜利的"三大法宝"是什么?

"红军都是钢铁汉,千锤百炼不怕难。雪山低头迎远客,草毯泥毡扎营盘。"中国共产党经历长征而不灭绝,创造了人间神话

《红军过草地》(局部)
董希文 画

在中国革命的壮阔征程中，党的建设、武装斗争、统一战线"三大法宝"熠熠生辉，它们如同璀璨星辰，照亮了革命的道路，引领着中华民族从苦难走向辉煌。

自孙中山先生以来，中国的先觉者们一致认为——要战胜数千年未有之大变局的挑战，就要反帝反封建。

反对帝国主义靠什么？毛泽东说，第一靠武装斗争。讲马克思主义，不讲武装斗争，这就没有马克思主义。在西方，没有工人运动，没有巴黎公社，在俄国，没有工人运动，没有十月革命，没有抗击法西斯，马克思主义就没有力量。在当时的中国，没有真正的民主，没有有效的议会，因此，一切所谓合法的斗争都没有可能。没有武装斗争，就靠学生运动上街请愿是行不通的。共产党人不隐瞒自己的观点，我们就是要用暴力去推翻世界上的压迫制度。

因此，马克思主义与中国革命实际结合的一个结果，就是产生了武装斗争。

中华民族的衰落，集中表现为积贫积弱，特别是在武力上打不过西方列强和国内反动派。

宋代以来，种地就只与读书结合，种地、读书与打仗完全脱离，这是中国"文弱"之风的起源。宋代以来，一般都是国家招募、雇佣泼皮无赖当兵。在国民党统治下，征兵就是拉壮丁。中国的军队没有"武德"，中华文明里丧失了"武"的基因。

把武力与道德结合在一起，这就是武德。形成制度，就是革命军队的纪律。

因此，要使中国站起来，首先就必须建设一支强有力的人民军队。通过古田会议，毛泽东使士兵们了解什么是中国国情，什么是世界大势，什么是政治。通过古田会议，毛泽东确立思想建党、政治建军，使人民军队成为"一所大学校"。

毛泽东不仅创立了中国工农红军，而且振奋了中华民族的武德。人们耳熟能详的"三大纪律八项注意"，就是武德的体现。

要反对帝国主义和封建主义，实现民族和人民解放，需要一个先锋队，这个先锋队是共产党。共产党要成为先锋队，就必须不断在思想作风上建设自己，才能把自己建设成先锋队。

为什么要进行党的建设呢？因为我们的党，起初是以知识分子为主体的党，读书人在党的领导干部中是大多数，要建设成一个以工农为主体的党，就需要知识分子向人民群众学习，与劳动

古田会议强调了党的纪律性和组织性,提出了"党指挥枪"的原则,"农民是革命的力量""党的领导是革命胜利的关键"的思想,为党的建设指明了正确方向

《古田会议》 何孔德 画

人民紧密结合。只有这样，我们才能建设成一个劳动人民的政党。

旧中国的第一个问题，在于治理者不行，在于治理者实际上的缺位。它表现为上层与基层脱节、上层建筑与经济基础脱节、治理者脱离人民群众。

什么是封建？中国的封建意思很多，汉代的特权、封爵是封建，唐代的军阀割据是封建，宋代以来，官僚－士大夫－地主制度是最深入最坚固的封建，士大夫作风也是根深蒂固的封建作风。

今天的知识分子，是从旧的士大夫发展出来的。旧的士大夫有些什么缺点呢？那就是空谈比较多，实际比较少，高高在上，看不起群众，再就是彼此看不起，总是发生"党争"。

这就要求我们革命队伍的知识分子，党的知识分子，必须理论联系实际，密切联系群众，通过批评与自我批评，紧密地团结起来。

毛泽东说，他自己原本也是读书人，他过去也以为只有读书人干净，而老百姓是脏的，脚上有牛屎的。革命了，与工农出身的战士们在一起了，当看到他们以生命来掩护自己的时候，终于知道，老百姓最干净，而这种干净，是心灵的干净，良知的干净。

在包括长征在内的艰苦征战中，毛泽东走过了中国的村庄、庙宇、城镇。在陕北，他听到了人民的歌唱，在民间戏剧中发现了中国的历史，而这些戏剧大多是无名的作者创作的。在《为人民服务》中,毛泽东从张思德这样一名普通战士的事迹出发,进一步提出"彻底地为人民的利益工作",也就是"全心全意为人民服务"。他指出,历史是人民创造的,只有人民才是推动历史发展的真正动力。

1944年9月8日,在张思德追悼会上,毛泽东发表演讲《为人民服务》。从此,张思德的名字和"为人民服务"紧紧联系在一起

《为人民服务》 武立君 画

他还说，在口头上认同为人民服务是远远不够的，关键要在思想上、情感上认同人民，在精神上信仰人民，只有这样才能做到"全心全意"，只有这样，中国共产党才能真正与人民在一起。

毛泽东曾经对斯诺说，我不是什么大英雄，我们共产党靠的是集体，不是个人。中国有句话，叫一个好汉三个帮。刘备靠的是"桃园三结义"，这就是一个群体，而不是个人。西方人讲英雄创造历史，我们是马克思主义者，我们讲人民创造历史。人民团结起来，是真正的英雄，是历史发展的真正动力。

要反对帝国主义和封建主义，就需要大的力量，力量越大越好，所以，我们也要搞"桃园三结义"。我们与各民主党派结合起来，这就是结义，我们要团结一切可以团结的力量，这就是结义。蒋介石要独裁政府，我们要人民政府。人民指什么，就是指工人、农民、民族资产阶级、小资产阶级组成的广泛的统一战线，我们的政府叫联合政府，也叫人民政府，总之是一个联合的统一战线。

党的建设、武装斗争、统一战线，这就是应对数千年未有之大变局的三大法宝；这就是使中华民族从亡国灭种的境地重新站起来的三大法宝。

第九章

新中国被
封锁"十年八年"
之后，我们有了什么呢？

中国自主知识产权三代核电技术"华龙一号"，是中国核电自主创新和集成创新的集大成者，已成为与高铁齐名的"国家名片"

（中新社 供图）

作为老一辈无产阶级革命家，毛泽东和邓小平都曾经说过，他们的"职业"就是打仗，这一点也正是中国革命者与历史上文弱书生的不同。

他们的革命和斗争品格，融入了中国人的现代基因之中。

当解放战争的硝烟还没有散尽，新中国刚刚诞生的时候，也许毛泽东也没有想到，和平并没有真正到来，一场空前惨烈的战争正在前面等着新生的中华人民共和国。

1950年，抗美援朝战争爆发。在抗美援朝战争中，中国有十九万七千多名将士献出了宝贵的生命，其中包括毛泽东的儿子毛岸英。为有牺牲多壮志，敢教日月换新天。这是中华民族历史上的一座不朽丰碑。

在以毛泽东为代表的伟大先觉者的领导下，中国人民最终以艰苦卓绝的伟大斗争，推翻了三座大山。抗日战争改变了世界东方的力量对比，解放战争冲破了帝国主义的东方阵线，抗美援朝——中国与世界上最强大的美国进行的军事较量，改变了世界格局。

中国人民的伟大胜利，空前提升了全世界人民，特别是被压迫民族、被压迫人民的自信。

松骨峰战役是抗美援朝战争中的一场著名阻击战。战斗中，中国人民志愿军的一个连死死拖住美军的一个王牌师，为大部队围歼美军争取到了时间

《激战松骨峰》 孙立新 画

抚今追昔，如果世界上有民族可以讲自信，那么我们中华民族就有这个资格。这不是吹牛皮，也不是放大炮，只要看看我们的历史，看看我们的革命，就知道了。

炮火连天的战争结束了，和平到来了。但是，战争却又以新的形式开始了。这种新形式的战争，叫冷战，其最主要的手段，就是全面封锁。

在冷战期间，如果说苏联等社会主义阵营遭受的只是西方的封锁，那么，自中苏分裂之后，新中国所遭遇的则是苏联和美西方两个阵营的威胁——这是人类历史上从来没有过，任何国家也没有遭遇过的。

但是，新中国不是大清王朝，经过长期的革命，经过不屈不挠的斗争，我们的人民变得无比自信了。我们的人民再也不是那种以为自己这也不行、那也不行的人民了。我们的制度已经不是旧的制度，我们建立了人民当家作主的制度，全部生产资料都回到了人民自己手里。

成立之初的新中国一穷二白，是个不折不扣的农业国。一穷，就是没有工业化的物质基础；二白，就是缺乏现代科学和相应的知识及文化基础。那时，毛泽东曾经说，我们能生产什么？能造桌子椅子，能造茶碗茶壶，能种粮食，还能磨成面粉，还能造纸，但是一辆汽车、一架飞机、一辆坦克、一辆拖拉机都不能造。

当然，我们没有任何资本，我们最大的本钱，就是文化，就是人力，就是制度。我们的人民是世界上最勇敢抗争的人民，我们的人民更是世界上最勤劳的人民。新中国得以战胜如此难以想象的困难，靠的就是人民的空前自信、人民的空前勤劳，靠的是人民当家作主的制度。

中国被封锁"十年八年"之后，我们有了什么呢？首先就是有了比较完善的现代工业体系、国民经济体系。

2018年，习近平总书记视察中国第一重型机械集团，他深刻指出，中国要发展，最终要靠自己。这是对"独立自主、自力更生"的"中国工业精神"的肯定，也是在"自力更生"意义上，对于"自主创新"的深刻阐释。支持这种精神的，不是任何个人，而是一个个英雄集体和团队。

中国第一重型机械集团，于1960年在黑龙江省富拉尔基建成投产。今天，中国一重已是世界三大机械设备集团之一（另外两家分别在德国和日本）。它的主要产品冷轧板是生产汽车、冰箱、电梯、高铁、飞机外壳不可或缺的材料。可以说，如果没有中国一重，也就没有这些产业的高速发展。

习近平总书记指出，实现中国梦必须弘扬中国精神。中国精神的重要内涵之一，就是以爱国主义为核心的民族精神：它在战火纷飞的新民主主义革命中孕育而生，激励着中华民族在新中国遭遇外部封锁时自力更生、艰苦创业，在社会主义工业化建设中奋发图强、自主创新。

中国核电就是中国在核潜艇建设过程中，独立自主开发出来

2016年,游弋大洋四十余载,屡建功勋的中国首艘核潜艇退出现役
（中新社 供图）

的。当年,毛泽东曾说,核潜艇,一万年也要搞出来。他还说,核潜艇搞不出来,他就睡不好觉。1969年,中国第一个核动力反应堆在中国西部的一个小山沟里建成。1970年,中国第一艘核潜艇胜利下水。

而今,"华龙一号"标志着中国核电的辉煌成就,核电技术也是中国与巴基斯坦等国共建"一带一路"的重要合作内容。

今天，高铁已成为一张闪亮的"国家名片"，其实令国人自豪的高铁技术，基本上立足于韶山1型电力机车的自主创新

（新华社 中新社 供图）

曾经的世界七大石油企业，一家属于英国（英国石油），一家属于荷兰（壳牌），另外五家都属于美国（其中的三家是从洛克菲勒拆分而来的）。打破英美霸权对世界石油垄断的，就是今天的中国"三桶油"（中国石油天然气集团有限公司、中国石油化工集团有限公司、中国海洋石油集团有限公司）。中国的这"三桶油"，就是在新中国"石油会战"中诞生的。

谈到新中国的成就，我们必须深刻认识到，今天令国人自豪的高铁技术，并非完全国外引进技术组装的结果，动车组核心技术离不开国产电力机车韶山"血统"。这不禁令人想起中国铁路第一代国产电力机车——韶山1型电力机车，它为中国电力机车的研制与发展奠定了坚实的基础。韶山1型就诞生于湖南的株洲。

今天，株洲已经是中国发动机产业的大本营。

至于"华为"，其自主研发数字交换机技术的班底，全都来自20世纪七八十年代具有技术研发经验的老企业或研究所。

当然，还有青蒿素、杂交水稻等领先世界的科研成果，这些都是社会主义建设时期集体攻关的产物。

从1952年到1978年，中国工农业总产值年均增长率为8.2%，其中工业总产值年均增长率为11.4%，国内生产总值从1952年的679亿元人民币增加到1978年的3645亿元人民币，年均增长率超过6%。

这期间，国家进行了大规模水利、道路、港口、机场等基础设施建设，开展了大规模垦荒、造林和扫盲等活动。兴建各类水库 8.5 万座（目前依然在满足中国 90% 城市人口的饮用水需求）。

为有牺牲多壮志，敢教日月换新天。

新中国前三十年的奋斗，开天辟地，给我们留下的财富很多，但最根本的财富，就是文化自信。

文化是什么？文化是基因。无数志士仁人的伟大品格，已经深深地印进中华民族的基因之中，每个中国人都因为身上具备这样的基因而自豪。因此，这首歌不是唱出来的，而是从中国人民心中流出来的，它早已经化成中国人的集体记忆：

"五星红旗迎风飘扬，胜利歌声多么响亮，歌唱我们亲爱的祖国，从今走向繁荣富强……"

第十章

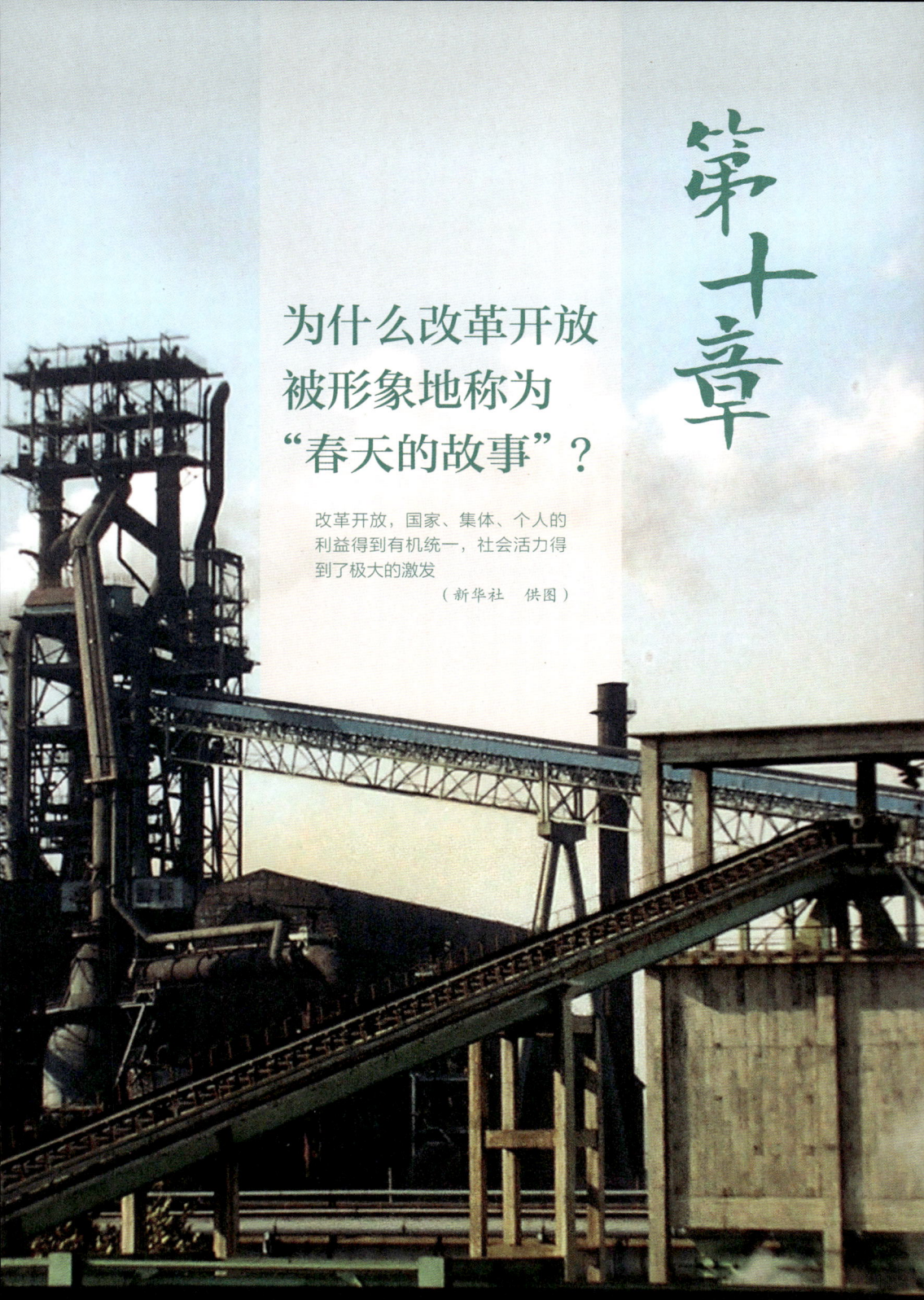

为什么改革开放被形象地称为"春天的故事"?

改革开放,国家、集体、个人的利益得到有机统一,社会活力得到了极大的激发

(新华社 供图)

由于当时的世界处于冷战之中，新中国成立后，在较长一段时期内处于被外部封锁的状态。这种状态，随着毛泽东打开中美关系大门而得以改变。

邓小平抓住了世界大变革的历史契机，推动了改革开放的伟大历史进程。他说，改革开放是社会主义制度的自我完善，改革的目标就是改革不适应生产力发展的生产关系和上层建筑，使社会主义制度更加完善，更加充满活力。

1977年，邓小平推动恢复了高考制度。

当时有人说，今年招生，太赶了，时间上来不及了。邓小平气愤地说，等什么呢？已经等了十几年了，我说要赶，无非再开会，今年就恢复招生！

正是在他的亲自主持下，1977年底到1978年初，高等学校考试制度得以恢复，全国高等学校重新通过统一考试招收新生。

后来的历史证明，推动中国改革开放的现代化事业的主干力量，就是恢复高考后的大学毕业生，他们不但有刻苦学习的精神，而且因为有过"工农兵"的经历，所以了解中国现实，懂得国情，特别是了解中国基层的问题究竟在哪里。

邓小平看到了一个关键的问题：中国的教育和科研部门发展落后于时代，不能够适应中国社会现代化的要求。因而他提出了"教育要面向现代化，面向世界，面向未来"的重要论述。

在恢复高考的日子里，同学们争先恐后挤进教室听课，简陋的教室座无虚席，对知识极度渴望的学子们满怀着希望与期待，人们感受到火一般的热情

《夏夜——恢复高考的日子》
程丛林　画　中国美术馆藏

农村农业的发展，依靠的是中国农民的创造力。

20世纪70年代，袁隆平等科学家成功选育了世界上第一代实用高产杂交水稻，被世界称为"东方魔稻"。这项农业技术很快在全国大面积推广，困扰中国数千年的"吃饭"问题得到初步解决。

农业技术实现巨大突破，粮食产量提高，农村出现了劳动力过剩问题。邓小平深刻地看到了中国城乡发展不平衡的问题，意识到立足于"人海战术"的中国农业是没有效率的，消极等待城市工业化完成后再反哺农村的设想是机械的，片面强调重工业发展的思路压抑了就业，片面强调城市工业化的思路压抑了农村和农民的积极性和创造性。

随之而来的党的十一届三中全会提出了实行改革开放的新决策，启动了农村改革的新进程。要把农村经济搞活，最重要的前提就是在巩固农村集体所有制的条件下，提高农业生产和管理的效率，不仅要让农民吃饱饭，而且还要解决农业与轻工业、重工业发展不平衡的问题，使中国的农村、农业和农民，能够更好地发展起来。

与此同时，安徽凤阳县小岗村18户农民也开始动脑筋，琢磨今后的日子怎么过的问题。他们决定将村内土地分开承包，实行"分田到户，自负盈亏"。因为这样的做法与当时的人民公社体制不相容，所以大家在一份秘密契约上按下红手印，承诺万一

1978年冬，安徽凤阳县小岗生产队，18户农民在一份秘密契约上按下红手印，实行"大包干"

《1978年11月24日夜·小岗》（局部）
　　　　　　　　　　　王少伦　画

出了事情，把领头人的子女抚养到18岁。小岗村的创举成为20世纪中国农村改革的重要起点，20世纪80年代初中国农村的一项重要改革——家庭联产承包责任制也由此产生。

其实，农业的发展并不仅仅走出联产承包的路子，还在于放开多种经营。首先，人多地少的浙江走出了到全国各地钉鞋的勤劳鞋匠。其次，从走街串巷的"鸡毛换糖"商贩中发展出了小商品市场。最后，可谓数亿中国农民伟大创造的乡镇企业异军突起，全国如雨后春笋般产生了4700万家乡镇企业。

乡镇企业，也曾叫社队企业，开启了一种直接面向市场和消费者的企业模式。由此，更加多元且富有弹性的就业和产业结构形成了，中国农村出现了"百业兴旺"的局面，市场经济从基层焕发出了巨大活力。

要解放生产力、发展生产力，关键在于满足全体人民的物质需求，因此，必须同时处理好国家、集体与个人三者之间的关系。

乡镇企业这个朴素的创举，

义乌铸铜人物雕塑
《鸡毛换糖》（视觉中国 供图）

成功地使广大农民将对个人利益的追求与国家和集体的发展结合起来，使得国家的计划、调控与市场结合起来。

在推进城市工业化发展的同时，包括乡镇企业在内的农村的自主创新成为中国现代化的有益补充。从而，以农村改革为契机，中国共产党带领广大人民开辟了一条独具中国特色的发展道路。

什么是社会主义？邓小平用一句话简单概括：贫穷不是社会主义。怎样坚持和发展社会主义？邓小平回答充满智慧与远见：坚持改革开放，不断解放和发展生产力。

什么是社会主义市场经济？资本主义有计划的成分，社会主义也有市场环节。商品经济非常古老，不能说市场经济和商品经济就是资本主义的东西。社会主义市场经济与资本主义市场经济的不同在于：社会主义市场经济立足于国家、集体、个人利益的彼此协调、互相促进；而资本主义市场经济追求的仅仅是个人利益最大化。

进入1978年后，以党的十一届三中全会为标志，社会主义建设进入改革开放的历史新时期。中国改革开放，使国家、集体、个人利益有机统一，极大地激发了社会活力，因此被形象地称为"春天的故事"。

中国共产党的初心和使命，就是为中国人民谋幸福，为中华民族谋复兴。中国共产党的力量来自人民。如果不能发挥个人的主动性、创造性，如果"这也不让搞，那也不让搞"，那就不是依靠人民。一个社会的生机活力，总是来自基层，来自开放，而不是来自"一刀切"，来自封闭。邓小平深情地说："我是中国人民的儿子，我深情地爱着我的祖国和人民。"

1992年，在著名的"南方谈话"中，他提出，只有内部有活力，才有真正的团结，只有团结，我们才能增加与资本主义竞争的力量。恐怕再有30年，我们能够形成比较成熟、更加定型的中国特色社会主义制度。

邓小平的智慧，是立足中国国情，从中国的大地上生长出来的"中国智慧"。

第十一章

为什么我们搞市场经济姓"社"而不是姓"资"?

春回大地,姹紫嫣红,"行花街"(逛花市)是广州过年必不可少的传统。图为广州天河区迎春花市

(视觉中国 供图)

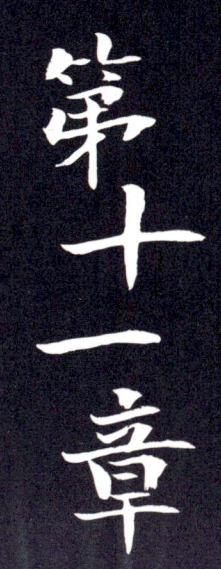

1979年，时任广东省委第一书记习仲勋到北京参加中央工作会议。他希望中央能根据广东紧靠香港、澳门及华侨众多的特点，给予广东特殊政策。

邓小平做出了今天已为人们熟知的决断：划出一块地方，兴办出口加工区。他说，还是叫特区好，陕甘宁开始就叫特区嘛！中央没有钱，可以给些政策，你们自己去搞，杀出一条血路来。

一个身经百战的75岁的老人，竟然把创办经济特区，设立开放的窗口，从资金、技术和管理上引进资本主义的经济模式，比作"杀出一条血路"，可见这一举措的重大意义。

1979年开年的第一天，中国在世界面前来了一个崭新的亮相。然而，这一年的12月份，

苏联挥军入侵阿富汗。美国和伊斯兰极端势力，也就是以此为契机，开始深度介入阿富汗的。

从那时起，长达 10 年的阿富汗战争，耗尽了苏联最后的国力，使苏联体制僵化的问题暴露无遗。

1979 年深圳蛇口的一声炮响，似春雷惊动大地；这是中国改革开放和深圳特区建设的第一炮。如今，深圳已从贫穷落后的边陲小镇发展为现代国际化都市

《特区·崛起》 方土 画

1989年，当苏联经历长达半个多世纪的时间，终于决定再次同中国握手时，邓小平为戈尔巴乔夫访华提出的条件是：苏联必须从中国周边的阿富汗全面撤军，并不再支持越南建立"印支联邦"的狂想。

以戈尔巴乔夫访华为标志，中国长期面临的周边封锁，终于被解除了。

但是，这个时期，在摆脱了旧的教条主义的同时，新的西方教条主义，以"普世价值"的旗号开始统治世界。在社会主义国家，追随西方式的市民社会道路成为时髦，中国相当一批城市知识分子和大学生被鼓动。从苏联到中国，西方教条主义的冲击，造成了社会动荡。

邓小平宣布：既不走旧的教条主义的老路，也绝不走西方教条主义的邪路，中国必须走自己的路。中国与西方的蜜月期结束了，八九事件后，中国遭遇了西方的全面封锁。

20世纪50年代，中国在接受苏联援助发展工业化期间，曾经遭遇过一次苏联突然撤资，这造成了中国经济的极大困难，但也迫使中国走上了独立自主、自力更生的中国社会主义道路。1990年，中国再次面临西方打压和封锁造成的外资几乎全面中断的局面。

怎样建设社会主义，建设什么样的社会主义——这个问题，再次严峻地摆在了中国共产党人面前。

邓小平判断说，以美国为首的西方势力，主要利益依然还在喜马拉-地中海的"北线"，因此，中国的战略机遇期依然存在。我们必须抓住时机，埋头把自己的事情办好。

通过改革开放，中国对于马克思主义的认识和理解，空前深化了。中国共产党人认识到：为马克思所全面深刻总结的现代经济体系，必然地包括三个彼此联系、互相循环的组成部分，这就是以机器生产为核心的生产劳动体系、以大规模商品流通为核心的流通体系，以及以货币形式为价值形态的金融投资体系。建立社会主义经济体系，不仅仅是建立公有制这个基础，也不仅仅是建立现代生产劳动体系，而是必须以此为基础，建立一个有效的流通体系和金融投资体系。

1993年，中国共产党第十四届三中全会通过了《中共中央关于建立社会主义市场经济体制若干问题的决定》，提出了建立现代企业制度、培育和发展市场体系、建立健全宏观经济调控体系、建立合理的个人收入分配制度和社会保障制度，第一次在社会主义国家，把马克思对于现代经济制度的总结和设计，落实为行之有效的制度。

抓住历史机遇，系统地提出并致力于建立比较完善的社会主义市场经济体制，这是以江泽民同志为主要代表的这一代中国共

2001年12月11日，中国正式加入世界贸易组织，成为第143名成员。为了这一天的到来，中国整整等了15年，努力了15年

《中国加入世界贸易组织》
邰大勇 画

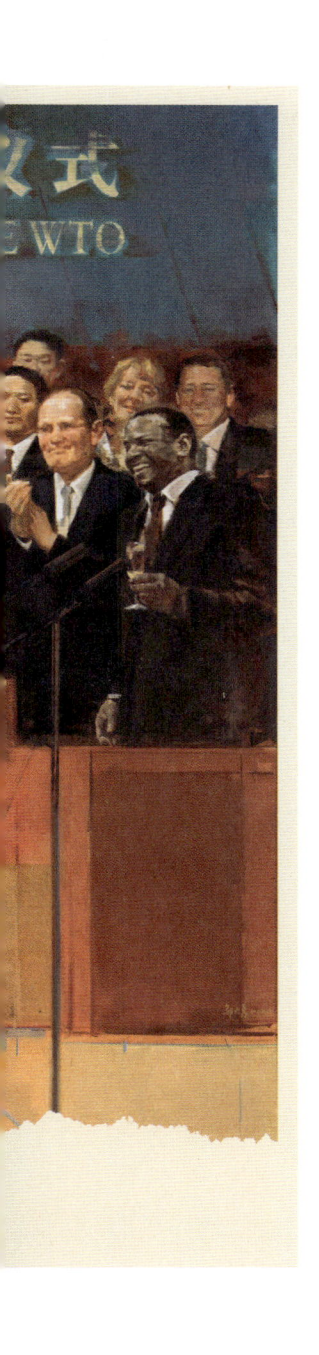

产党人对于社会主义事业的巨大贡献。

  由于社会主义市场经济体制的建立，中国经济以前所未有的速度向前发展，经济总量极其迅速地超越了一系列发达国家。

  建立了社会主义市场经济体制的中国，成功加入世界贸易组织（WTO），以此为标志，中国经济融入了世界经济大循环。这一方面为中国经济的发展提供了更为广阔的世界舞台，同时也使世界经济发展极大地受惠于中国经济的发展，使世界经济进入二战以来最好的历史时期。

  不过另一方面，这也造成了一种新的国际分工，即中国等东亚国家提供物美价廉的商品，中东和俄罗斯提供能源，以美国为首的发达国家借债消费。这样一种国际经济分工格局，在繁荣中隐藏着深刻的矛盾。

  以1997年爆发的亚洲金融危机为标志，美国通过手中所掌握的国际金融霸权，对东亚国家进行了一次"割韭菜"式的金融掠夺，日本所代表的"东亚奇迹"遭受严重打击。

中国是唯一一个成功抵御亚洲金融危机的经济大国，就是因为中国是共产党领导的社会主义国家，国家掌握着经济调控的重要手段。

从此，以美国为首的西方世界，便开始把中国视为西方主导的世界经济体系中的异类，其理由竟然是：中国在经济发展的同时，没有发生西方那样的金融危机。

我们可以清晰地看到：走社会主义市场经济道路是中国根据自身国情做出的明智选择。我们搞的市场经济是姓"社"的而不是姓"资"的。这一特征决定了我们的市场经济既能够充分发挥市场机制的活力，又能够保持社会主义制度的优越性，从而推动了中国经济的持续快速发展。

1962年，毛泽东曾经预言说，从那时起50年到100年，是人类历史上天翻地覆的大变化的时代。如果从那时起算50年，就是2012年，这一年，中国经济总量已跃升为世界第二位。

中国共产党人领导的中国人民创造了人间奇迹，在这个波澜壮阔的时代，他们继承中华民族志士仁人的奋斗精神，进一步把马克思主义普遍真理与中国的实际紧密结合起来，创立了中国特色社会主义学说，对中国的发展作出了伟大贡献。

第十二章

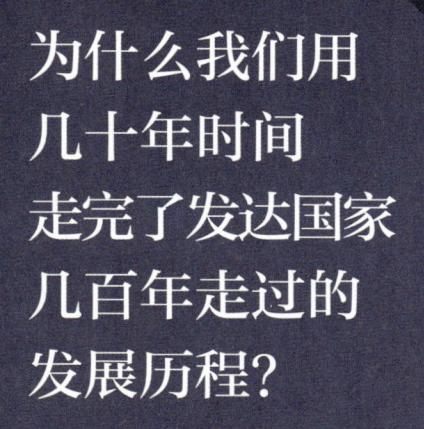

为什么我们用几十年时间走完了发达国家几百年走过的发展历程？

在社会主义市场经济理论的指引下，上海实现了从工商业城市到经济中心城市的转化，并朝着更高的目标前进

（资料图片）

中国特色社会主义制度的最大优势在中国共产党领导。中国共产党的领导能力，体现在从国家和人民的根本利益出发，坚持实事求是、与时俱进，谨慎、英明地制定路线、方针和政策。我们借鉴管理经验，就是为了更好地发挥社会主义制度的优势。

根据这样的原则，中国内地可以学习中国香港、澳门、台湾地区的一些管理经验，后者的发展，也可以背靠大陆社会主义制度的优势，但并不要求它们实行社会主义制度。为了中国统一，一个国家可以有两种制度；为了社会主义事业的发展，我们可以鼓励多种经营管理方式并存。

1997年7月1日，中国政府恢复对香港行使主权。当中国人民解放军军乐团奏起雄壮的中华人民共和国国歌时，当中华人民共和国国旗和香港特别行政区区旗一起徐徐升起时，全场沸腾了，许多人眼睛里噙满激动的泪花，雷鸣般的掌声经久不息。

1999年12月20日，被葡萄牙占领了300多年的澳门，也回到了祖国的怀抱。

在改革开放的40多年里，中国经济飞速发展，祖国的统一大业也迈出了一大步。客观地说，我们之所以能够欢庆改革开放，是因为中国共产党能够勇于面对沿途的危机与挑战，在反思中完善治理体系建设，在实践斗争中夺取一个又一个胜利。

中国清醒地意识到，中国的社会主义市场经济体制中，"社会主义"四个字，绝不是可有可无的。中国同时也开始认识到：建立社会主义市场经济体制，与建立一个比较完善的社会主义制度、建立一个比较完善的治理体系，还不是一回事。这里的关键就在于：社会主义市场经济体制与政治、社会、意识形态和环境生态的关系，究竟是怎样的——这是摆在我们面前的突出问题。

这同样不是一个理论问题，而是极为紧迫的现实问题。因为在经济迅速崛起的同时，过度追求个人利益的导向，开始侵蚀社会风气，瓦解社会团结；贫富分化拉开了，腐败开始渗入党内；社会保障问题、社会公平问题日益突出；而不计后果的开发，破坏了环境——单纯追求经济发展的后果接踵而至。

2003年，正当中国人以饱满的热情迎接新的一年的时候，一种被称为非典型性肺炎（简称"非典"）的呼吸道传染病突然肆虐成灾。

在很短的时间里，"非典"就传播到全国24个省区市，波及

266个县市。广东、北京、山西成为重灾区，高发期每天都有过百人发病，年龄最小的患者只有4个月大。一时间，全社会人心惶惶。

　　无论疾病灾难，无论艰难困苦，中国共产党始终都和人民在一起。在党和政府的坚强领导下，中国终于赢得了抗击"非典"的胜利。这突如其来的疫情，是对改革开放的中国的一次考验，

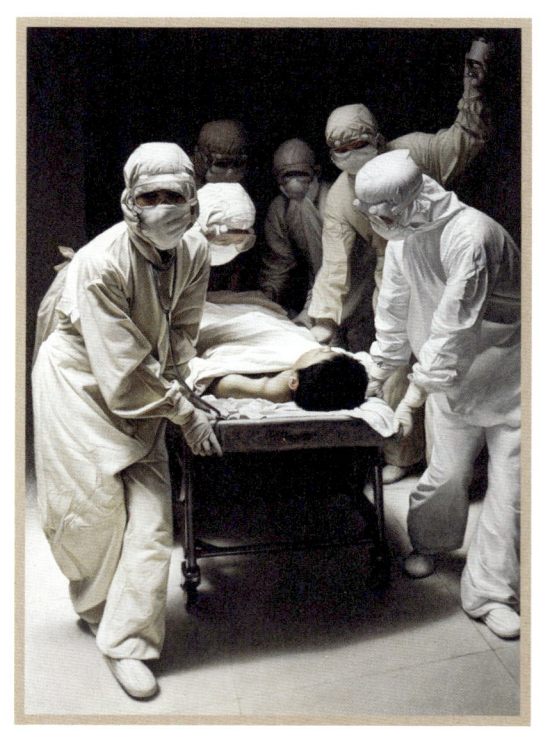

面对"非典"的考验，中华民族展现了万众一心、众志成城、团结互助、和衷共济、迎难而上、敢于胜利的抗击"非典"精神

也是对中国共产党的一次考验。但是，我们靠社会主义制度的优越性，克服了这些艰难险阻，并努力把治理体系上的短板补齐。

当年7月，胡锦涛在全国防治"非典"工作会议上发表讲话。他说，我们讲发展是党执政兴国的第一要务，这里的发展绝不只是指经济增长，而是要坚持以经济建设为中心，在经济发展的基础上实现社会全面发展。

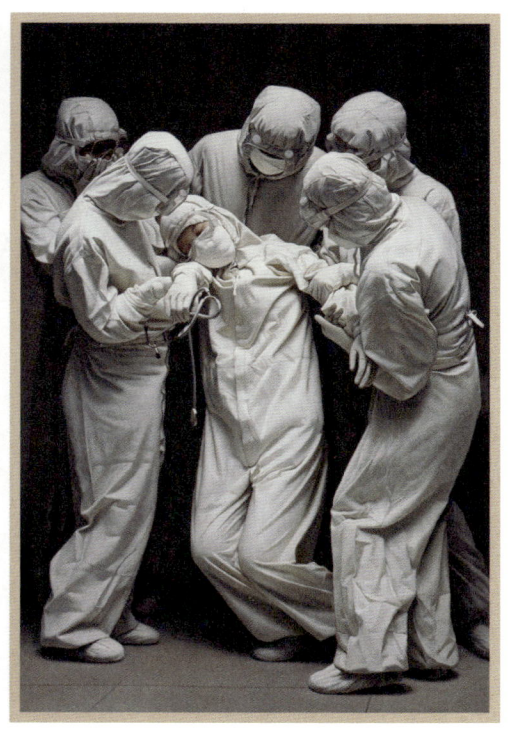

《抗击"非典"》（三联画）　赵振华　画

2008年对于中国是极为特殊的一年。这一年的5月12日，四川汶川发生里氏8.0级特大地震，造成巨大人员伤亡和财产损失。

四川汶川地震中救出的男孩　　　　　　　　　　《青春之殇》　冯少协　画

多难兴邦。在巨大的灾难面前，中国人民焕发出生死与共的共同体意识，在中国共产党的领导下，众志成城，抗震救灾。也正是在灾难面前，"军民团结如一人，试看天下谁能敌"的新中国品格浴火重生，感天动地。在灾难面前，"一方有难，八方支援"的社会主义制度优势，再次得到体现。

我们开始深入思考人与自然的关系、精神与物质的关系、当下与未来的关系、保护生产力与发展生产力之间的关系。因为发展经济是重要的，但全面协调可持续的发展同样重要；国内生产总值（GDP）是重要的经济增长指标，但以人民为核心的全面发展才是真正的发展。

正是在现实的挑战面前，中国共产党对历史唯物主义和辩证唯物主义的认识，进一步深化了：如果没有一个更加完善的治理体系，就不能保护生产力；如果不能保护人、保护环境，经济不可能得到真正的发展，即使发展起来，发展的成果也不能保住。

正是在此基础上，胡锦涛提出了科学发展观，深刻提出了怎样实现可持续发展，怎样处理经济发展与政治、文化、人的全面发展之间的关系。

经受了灾难磨砺的中国人民，以更加昂扬的斗志慨然前行。这一年，中国在北京成功举办了第29届夏季奥运会。国际奥委会主席罗格在闭幕式上说，这是一届真正的无与伦比的奥运会。这届奥运会在世界历史的转折时刻，向世界展示了全中国人民的大团结、全世界人民的大团结。

为中国人民谋幸福，为中华民族谋复兴，这一初心是永远不变的。面对世界大势的变化，面对国情的变化，我们的方针、政策和治理方式与时俱进。

历史证明：建立比较完善的国民经济体系和工业体系，使中国在经济层面上能自立自强，是中国发展的必要条件；而建立社会主义市场经济体制,建立使改革具体落实的行之有效的管理体系和治理体系,则是中国发展的充分条件,二者缺一不可。

改革开放以来,中国经济一直行驶在发展的快车道上,出现了数十年高速增长的奇迹。

1978年,我国经济总量居世界第十一位;2000年超过意大利,居世界第六位;2007年超过德国,居世界第三位;2010年超过日本,成为世界第二大经济体。2010年我国制造业产出占世界的比重为19.8%,超过美国成为全球制造业第一大国。正如习近平总书记在庆祝改革开放40周年大会上的讲话中所指出的那样:"我们用几十年时间走完了发达国家几百年走过的工业化历程。在中国人民手中,不可能成为了可能。"

第十三章

为什么说
共同富裕
是中国式现代化
区别于
西方现代化的
显著标志?

这座曾被外界认为3000年都建造不出来的大桥,就是如今的北盘江第一桥。它坐落于尼珠河之上,长1341.4米,高565.4米,是目前世界上最高的一座桥梁。北盘江大桥的建成,不仅仅是技术的突破,而且代表着云贵两地人民生活质量的巨大改善,是利国利民的一项伟大建筑
(资料图片)

我们用几十年时间走完了发达国家几百年走过的工业化历程，创造了世界发展的奇迹。那么，我们的事业就大功告成了吗？我们现代化的目标已经实现了吗？

我们目前已经成为世界第二大经济体，第一大生产和贸易国，如果按照西方现代化的标准，中国已经实现了现代化。

但是，这不是我们的标准，这也不是中国共产党的标准，更不是中华文明的标准。

我们的国家追求的是"中国式现代化"，这不仅仅是一个经济指标，更是一种文化、一种价值观的体现，它意味着我们的国家要在保持自身特色的同时，让人民过上更加富裕、文明的生活。

我们奋斗的路，还长着呢。

习近平总书记深刻地指出：一个国家选择什么样的现代化道路，是由其历史传统、社会制度、发展条件、外部环境等诸多因素决定的。国情不同，现代化途径也会不同。实践证明，一个国家走向现代化，既要遵循现代化一般规律，更要符合本国实际，具有本国特色。中国式现代化既有各国现代化的共同特征,更有基于自己国情的鲜明特色。

中国的情况是非常特殊的,即使51%的人先富裕起来了,还有49%,也就是6亿多人仍处于贫困之中,也不会有稳定。中国搞资本主义行不通,只有搞社会主义,实现共同富裕,社会才能稳定,才能发展。社会主义的一个含义就是共同富裕。所以说,"共同富裕"是中国式现代化的特征。

中国式现代化与西方现代化的根本不同在于,不是简单地比经济总量,也不是简单地计算人均收入。如果我们能够在经济总量和人均收入提高的情况下,避免西方那种两极分化,我们创造的财富能够为人民共享,而不是归于少数人,那样,我们的情况就会比西方要好得多,我们的现代化,也就健康得多。

党的二十大报告明确概括了中国式现代化5个方面的中国特色,深刻揭示了中国式现代化的科学内涵。

人口规模巨大是中国式现代化的显著特征,人口规模不同,现代化的任务就不同,其艰巨性、复杂性就不同,发展途径和推进方式也必然具有自己的特点。

现在,全球进入现代化的国家和地区总人口在10亿左右。中国有14亿多人口,规模超过现有发达国家人口的总和。如果整体迈入现代化,将极大地改变现代化的世界版图。因此,这是

在伟大的社会主义中国，孩子们都是幸福的"花朵"　　《悄悄话》王有政　画

人类历史上规模最大的现代化，也是难度最大的现代化。

毛泽东说过，人多力量大；但毛泽东又曾经对尼克松说过，大有大的难处。超大规模的人口，能提供充足的人力资源和超大规模市场，这当然是我们的优势，但也带来一系列难题和挑战。光是解决14亿多人的吃饭问题，就是一个不小的挑战。还有就业、分配、教育、医疗、住房、养老、托幼等问题，哪一项解决起来都不容易，哪一项涉及的人群都是天文数字。

因此，我们立足中国国情想问题、作决策、办事情，要考虑人口基数问题，考虑我国城乡区域发展水平差异大等实际，要看到人口资源是我们的优势，看到人民是我们事业最根本的依靠，看到人多力量大，发挥人多的优势，但也不能好高骛远，必须看到"大有大的难处"。因此就要保持历史耐心，绝不能"西风"吹得游人醉，以为经济总量上去了，一切问题都解决了，这就要求我们，谦虚谨慎，永久奋斗。

共同富裕是中国式现代化的本质特征，也是区别于西方现代化的显著标志。这就是我们建设小康社会的目标。

如果单讲经济指标，发达国家的指标高，但西方现代化的最大弊端，就是以资本为中心而不是以人民为中心，追求资本利益最大化而不是服务绝大多数人的利益，导致贫富差距大、两极分化严重。

有些人说，我们还没发展起来，现在不能讲共同富裕，但是，他们没有认识到，一些发展中国家在现代化过程中曾接近发达国家的门槛，却掉进了"中等收入陷阱"，长期陷于停滞状态，甚

一列白色高铁在延绵的群山脚下疾驰，几个七八岁的孩子欢欣雀跃。奔驰的高铁，滚动的铁环，相映成趣。穿梭在崇山峻岭之间的高铁，使"天涯"变为"咫尺"，使天堑变为通途，增进了山村孩子与多彩世界的交流联系，带来了乡村振兴的美好希望。这就是中国式现代化，是全体人民共同富裕的现代化

《高铁进山啦》
蔡超 边涛 李鸿莉 画

至严重倒退，一个重要原因就是没有解决好两极分化、阶层固化等问题。

在我们的国家，经济就像一列快速行驶的火车，带着我们飞速前进。我们的人民就像果园里的果树，每棵果树都有充分的权利吸收阳光和雨露。这就是我们国家追求的中国式现代化和小康社会。

于是，党的十八大以来，我们打赢脱贫攻坚战，使近1亿农村贫困人口脱贫。无论是雪域高原、戈壁沙漠，还是崇山峻岭、峡长沟深，脱贫攻坚的阳光照耀到了每一个角落。

过去，我们长期讲做大蛋糕，没有认真思考分好蛋糕的问题。现在，我们已经形成促进全体人民共同富裕的一整

113

套思想理念、制度安排、政策举措。要在推动高质量发展、做好做大"蛋糕"的同时,进一步分好"蛋糕",着力解决好就业、分配、教育、医疗、住房、养老、托幼等民生问题,构建三次分配协调配套的制度体系,逐步扩大中等收入群体、缩小收入分配差距,让现代化建设成果更多更公平惠及全体人民,坚决防止两极分化。

按照西方现代化的标准看,我们的经济总量已经很高了,中国就已经是发达经济体了;但是,按照中国式现代化的标准看,西方现代化的标准里面根本就没有共同富裕,既有的全世界的现代化标准里也没有共同富裕这一条。

因此,我们现在做的是前无古人的事业。我们必须认识到,对共产党人来说,实现共同富裕是必须的;同时,实现共同富裕是一个长期任务,必须久久为功,咬定青山不放松,不断取得新进展。

第十四章

世界站在了
历史的十字路口，
我们该怎样选择？

中欧班列，"一带一路"的重要载体和平台，促进了中国与沿线国家以及其他欧洲国家之间的经贸合作，成为"互联互通"建设的重要组成部分

（新华社 供图）

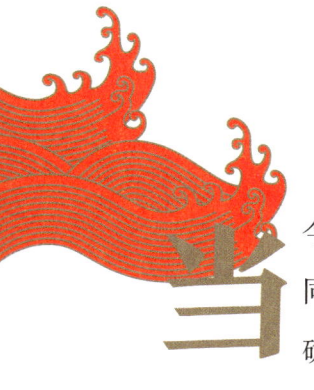

当今世界正面临"百年未有之大变局"，这是以习近平同志为核心的党中央对世情和国情的深刻把握。要正确理解和把握这个"大变局"，就要认清世界的发展大势。那么，什么是当今世界的发展大势呢？

党的十八大以来，我国经济实力实现历史性跃升，截至2024年12月底，我国国内生产总值从54万亿元增长到超过130万亿元，稳居世界第二位，仅次于美国；人均国内生产总值从39800元增加到95757元。我国已成为全球制造业第一大国、货物贸易第一大国、商品消费第二大国以及外汇储备第一大国，是国际体系的重要参与者、建设者、贡献者。

当今世界，一方面是中美两国以万亿计的经济总量，把其他国家远远甩在后面；另一方面，由于中国近年来的强势崛起，美国当局逐渐形成了将中国视作"头号威胁"的共识。特朗普当选美国总统后，更是多次在公开场合声称"中国是美国最大的竞争对手"，并扬言要采取一切措施遏制中国的发展。

而且，美国已经开始了对中国所谓的"制裁"，其中就包括阻断科技交流，最典型的案例是对华为的封锁和打压。此外，台湾海峡也是美国的行动目标，他们频频派遣军舰穿越台湾海峡，挑衅中国主权和领土完整。

自2008年美国金融危机以来，尽管美国的经济能力在不断下降，但它仍然以"世界警察"的形象在他国制造危机，进而维系自己在全球的经济和治理强权。美国一方面制造各种乱局，另一方面则以治理危机为名，强化对世界的统治。

应该看到，我们与发达国家在经济上有竞争，也有互补。那么，我们又要怎样面对思想、文化和历史体系上的竞争、斗争和差异？

我们只有清醒分析西方社会所面临的突出矛盾和问题，才能对当前西方思想、意识形态乃至政策走向，做出比较准确的判断。

当前，西方社会的矛盾一方面表现为经济发展与债务危机之间的矛盾，另一方面表现为全球化与孤立主义之间的矛盾。但从根本上说，矛盾的产生原因是西方世界长期强行输出其所谓的"普世价值"的结果，是他们长期的殖民主义、帝国主义、宗教迫害和殖民战争所造成的。

如何面对这一尖锐的社会矛盾与问题？当前，西方世界主流的声音是：重回孤立和封闭，因为只有这样才能真正保卫西方利益和西方价值。这就意味着经济全球化进程可能发生逆转。

今天，人类面临着许多前所未有的挑战，既有经济发展的挑战、财政危机和金融危机的挑战，又有环境的挑战、卫生医疗和健康的挑战，还有战争的挑战……世界又一次站在历史的十字路

中国援非医疗队用半个世纪延续不断的坚持，诠释了医者对职业和人类生命的神圣承诺，更用爱浇筑起友谊的桥梁，向非洲乃至全世界展示了我们"爱和平，负责任"的大国形象

口，何去何从取决于各国人民的抉择。

中国的选择影响着人类发展的前途与命运。在世界面临"百年未有之大变局"的关头，中国始终坚持维护世界和平、促进共同发展的外交政策宗旨，致力于推动构建人类命运共同体。

《中国援非医疗队》 陈宜明 郭健濂 画

面对这些风险，人类只能走合作、开放的道路。中国决定进一步实行全面开放的政策，引领世界向开放合作的方向发展。

2013年9月，中国国家主席习近平在哈萨克斯坦访问时，提出了共同建设"丝绸之路经济带"的倡议。同年10月，习近平主席在印度尼西亚国会发表演讲，提出共同建设21世纪"海上丝绸之路"。这二者共同构成了"一带一路"倡议。

"一带一路"不是一个大型援助计划，而是共商共建共享、互联互通、互利共赢的合作项目集群。10多年来，经过各方不懈努力，共建"一带一路"取得扎扎实实的成就，已有一百五十多个国家和三十多个国际组织成为"一带一路"这个大家庭的成员。

在历史的长河中，文明的交汇与互鉴，往往能激荡出最为绚烂的火花。共建"一带一路"，如同一股温暖的春风，吹拂着世界的每一个角落，让古老的丝绸之路再次焕发出勃勃生机。它不仅是一条贸易与经济的纽带，更是文明与和平的桥梁，以其独特的魅力，对全球发展产生了深远的影响。

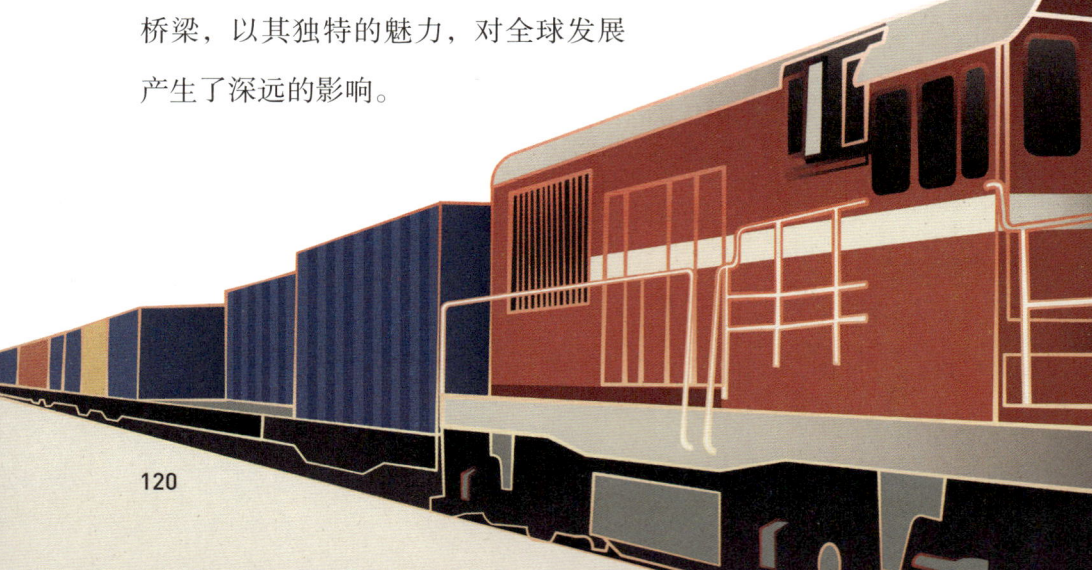

我们看到，一系列重大项目在沿线国家落地生根：中巴经济走廊、中老铁路、匈塞铁路、雅万高铁、瓜达尔港……中欧班列如同一条横贯亚欧大陆的"钢铁巨龙"，突破了地理距离的限制，将中国与蒙古国、俄罗斯以及欧洲众多国家连接在一起。截至2024年，中欧班列已累计开行突破10万列，为保障国际供应链、产业链稳定畅通提供了有力支撑。

我们看到，"一带一路"共建国家的人文交流合作也在不断扩大。十多个文化交流和教育合作品牌逐步建立，其中，"鲁班工坊"在三十余个国家落地生根，它不仅传授技艺，更传递了中国工匠精神的精髓，为共建国家培养了一大批技术人才，为当地经济社会发展注入了新的活力。

还有，丝绸之路国际剧院、博物馆、艺术节、图书馆和美术馆联盟、"一带一路"国际科学组织联盟等运行良好，它们如同一扇扇窗，让各国人民得以欣赏彼此文化的独特魅力，从而增进了对彼此的理解和认同。共建"一带一路"倡议源于中国，但机会和成果属于世界。

中国式现代化走的是和平

发展的现代化道路，而西方一些国家的现代化，充满了战争、贩奴、殖民、掠夺等血腥罪恶，给广大发展中国家带来深重苦难。毛泽东说，帝国主义总想保留一些殖民地或半殖民地，作为它可靠的商品市场、投资场所和原料产地，这是帝国主义制度的本性所决定的。这句话深刻剖析了帝国主义的本性。中华民族经历了西方列强侵略、凌辱的悲惨历史，深知和平的宝贵，绝不可能重复西方一些国家的老路。

中华文明的理想是大同，把大同理想与马克思关于人类共同体的思想结合起来，以中华文明伟大复兴，推动构建人类命运共同体，这是中国式现代化的突出特征。

中国式现代化不仅是中国人民的现代化，也是世界人民的现代化。这种现代化体现的不是西方价值，而是弘扬全人类共同价值。

中华文明伟大复兴，是指中国与世界上其他古老文明一起复兴、一起发展，是指中国有义务也有愿望与那些古老灿烂的文明一起分享发展的成果。中国好是为了世界好、大家好。只有世界好了，中国才会更好。

我们的文化基因里，
哪些是最优秀、最强的呢？

新时代，建设中国特色社会主义需要大力弘扬执着专注、精益求精，一丝不苟、追求卓越的工匠精神

《大国工匠——徐立平》（局部）
宋克 郑艺 画

第十五章

从1840年以来看我们的历史，我们的奋斗就是实现民族独立、人民解放、国家富强、人民幸福。从1949年以来看我们的历史，我们的奋斗主要就是实现社会主义现代化，发展中国的经济，使我们的人民富起来。

以五千年文明看我们的历史，我们的奋斗就是实现中华民族、中华文明伟大复兴，这就要发扬我们的优秀文化，培育壮大优秀文化的基因，使优秀的文化基因强起来。

我们的文化基因里，哪些是最优秀、最强的呢？

看看我们的历史，看看我们的奋斗历程就知道了。

中华文明具有突出的连续性。世界上的古老文明，无论是古埃及、古印度，还是两河文明、地中海文明，都中断了，中华文明是世界上唯一绵延不断且以国家形态发展至今的伟大文明。

这种连续性决定了中华文明最基本的认知方式，那就是系统的而不是零碎的，谱系的而不是割裂的。就知识和思想的发展来说，西方自20世纪才有哲学史的意识，最近才有知识谱系学的意识，而中国的思想历来都是谱系的、系统的。中国不但有家谱、族谱，还有朝代的世系。我们的学术传承，就像一棵参天大树，根深叶茂，生生不息。

就连马克思的思想，都是从欧洲漂洋过海而来，然后在中国这片土地上生根发芽，与中国实际相结合，形成了具有中国特色的马克思主义。这就是我们文明连续性的力量，它让我们能够跨越时空，与古人对话，与未来相拥。

中华文明具有突出的统一性。中华文明有长期的大一统传统，这种统，既是法统，也是道统，即人心与文化的统一。

在遥远的古代，地中海文明像一盘散沙，雅典与斯巴达各自为政，罗马虽然强大，却只是追求扩张帝国。而中国的汉代是从沛（今江苏省徐州市下辖县）这个地方起来的，不过汉后来的中心却不是沛，而是长安（今陕西省西安市），这说明什么？

汉代的长安，是当时世界东方的中心，是文化的熔炉。无论是北方的匈奴，还是南方的百越，都在这里找到了自己的位置，共同书写着中华文明的辉煌篇章。

长安、洛阳、北京，这些名字，就像一颗颗璀璨的明珠，镶嵌在中华大地上，见证着我们的统一与繁荣。

地中海文明与中华文明，一个向外扩张，一个向内凝聚，向内凝聚，才形成了多元一体、团结集中的统一性。向内凝聚的统一性追求，是中华文明连续的前提，也是文明连续的结果。长安、洛阳、北京，就是凝聚的象征；长江与黄河，就是凝聚的纽带。

中华文明的统一性，从根本上决定了中华民族各民族文化融为一体，即使遭遇重大挫折也牢固凝聚；决定了国土不可分、国家不可乱、民族不可散、文明不可断的共同信念；决定了国家统一永远是中国核心利益的核心；决定了一个坚强统一的国家是各族人民的命运所系。

中华文明具有突出的包容性。世界上的其他文明，与中华文明相比，包容性不那么强——这是为什么？

当西方文明还在为宗教纷争而苦恼时，我们的中华文明已经完成了向哲学的转化，将儒释道三家思想融为一体，形成了世界

奔腾入海，黄蓝相拥，是黄河自然形态的一个鲜明特征，也给予了中华民族握手世界、开放交融的不尽启示

上最早的、系统的哲学思维体系。这种包容性，不仅化解了文化的冲突，还促进了民族的融合与团结。

就像一场盛大的文化盛宴，我们邀请世界各地的朋友，共同品尝中华文化的美味佳肴。在这里，你可以听到悠扬的琴声，看到飘逸的书法，感受到中华文化的博大精深与独特魅力。

根据这种立足多元一体的哲学，越包容的文明就越是能得到认同和维护，就越会绵延不断。中华文明从来不用单一文化代替多元文化，而是由多元文化汇聚成共同文化，化解冲突，凝聚共识。这种哲学使中华文化认同超越地域乡土、血缘世系、宗教信仰等，把内部差异极大的广土巨族整合成多元一体的中华民族。

中华文明的包容性，从根本上决定了中华民族交往、交流、

《黄河入海口之黄蓝交汇》
董保华 摄

交融的历史取向，决定了中国各宗教信仰多元并存的和谐格局，决定了中华文化对世界文明兼收并蓄的开放胸怀。

中华文明具有突出的和平性。中华文明是仁义、仁慈的，仁与德才是中华文明的最高境界。

这种和平性，让我们在世界的舞台上扮演着和平建设者的角色。我们不会将自己的价值观念与政治体制强加于人，我们坚持

"和平性"作为中华文明的突出特性和重要内容，对于中国政治、社会、文化的发展产生了深远影响。"和平性"由"和"与"平"两方面组成，二者的地位和作用各不相同，综合体现了一种"和体平用"的哲学原理结构

合作、不搞对抗。就像一位智者，我们用智慧的光芒照亮世界的每一个角落。

想象一下，当世界各地的孩子们手拉手，共同唱响和平赞歌时，那其中，一定有我们中华儿女的身影。我们用实际行动，向世界传递着和平与友谊的信息。

中华文明的和平性，其出发点是人类是一个命运共同体，人

《幸福新时代》
黄山　黄怡慧　谷天辰　郑翔懿　画

与自然也是一个共同体，正是这种对于仁与德的追求，从根本上决定了中国始终是世界和平的建设者。

中华文明具有突出的创新性。中华文明实现不断创新的根本动力，其实就在于包容，就在于结合。

历史告诉我们，我们每一次伟大的创新，都是基于更大程度地使我们的文明与当时中国的现实相结合，与世界的发展相结合，都在于更大程度地包纳最广大的人民的需求与愿望。

中华文明的创新性，从根本上决定了在中华文明的基因里，创新是一种永恒的追求。我们守正不守旧，尊古不复古。我们敢于面对新挑战，勇于接受新事物。

我们就像一位勇敢的探险家，不断开辟着新的道路。我们今天搞现代化，搞社会主义，就要更加努力地使我们的社会主义现代化事业与中华文明相结合，与中国人民相结合，与世界人民的愿望相结合。只有通过这样的结合，我们的根基才能更深，我们的力量才能更大，我们才能不断开辟人类文明发展的新境界。

第十六章

为什么
我们的社会主义
能够生机勃勃、
充满活力？

党的十八大以来，中国高铁年均投产新线 3000 公里以上，建设了世界上规模最大、现代化水平最高的高速铁路网
（壹图网　供图）

1840年，我们的国家面临着巨大的挑战，就像一艘大船在风浪中摇摆不定。那时候，一批有思想的人开始思考，怎样才能让我们的国家变得强大，不再受人欺负呢？于是，他们开始寻找答案，这就是"救亡图存"的开始。

经过了很多年的艰苦努力，新中国诞生了！新中国的人们非常勤劳、充满智慧，他们在新时代的奋斗中，不断发展壮大，这就是"奋发图强"。

他们所走的一条独特而充满活力的道路，就是中国特色社会主义道路。中国特色社会主义道路，是1840年以来，中国人民在救亡图存中探索出来的，也是在新中国奋发图强的奋斗中发展起来的，更是在五千多年中华文明深厚基础上开辟和发展出来的。

我们有着五千多年的悠久历史和文化。这五千多年的历史，就像一座巨大的宝库，里面藏着无数的智慧和力量。我们的祖先创造了灿烂的中华文明，留下了宝贵的文化遗产。所以，当我们说中国特色社会主义时，其实是在说，我们将这些宝贵的文化和智慧与新的时代相结合，走出了一条属于自己的道路。所以，这条道路的根基极为厚重。

那么，这条道路是怎么走出来的呢？就在于"两个结合"。什么是"两个结合"呢？

第一个结合，就是把马克思主义的基本原理和我们的实际情况结合起来。马克思主义就像一盏明灯，照亮了我们前进的方向。但光有明灯还不够，我们还需要了解自己的国家，知道我们的人民需要什么。所以，我们要把马克思主义的智慧，用到解决我们自己的问题上来。

第二个结合，就是把马克思主义和中华优秀传统文化结合起来。中华优秀传统文化就像我们心中的根，它教会我们如何做人、如何做事。比如，我们要尊老爱幼、诚实守信，这些都是中华文化的精髓。当我们把这些优秀的传统文化，与马克思主义相结合时，就产生了巨大的力量，鼓舞我们沿着自己的道路走下去。

这两个结合的契合点，就是我们伟大的人民。人民是国家的主人，只有当我们把智慧和力量用到为人民谋福利上时，我们的道路才能走得更远、更稳。就像大树需要根来吸收营养一样，我们的道路也需要人民的支持和信任，才能茁壮成长。

因此，"结合"不是硬凑在一起的。马克思主义和中华优秀传统文化来源不同，但彼此存在高度的契合性。而这种契合性，就是以人民为中心。

正是因为有了"两个结合"，我们的中国特色社会主义道路才如此坚实有力。我们说的"中国式现代化"，可不是简单地模

2024年7月，"北京中轴线——中国理想都城秩序的杰作"被正式列入《世界遗产名录》，这正是体现了对习近平总书记关于加强中华优秀传统文化挖掘和阐发、大力推进"第二个结合"重要论述的积极落实

（央视新闻 供图）

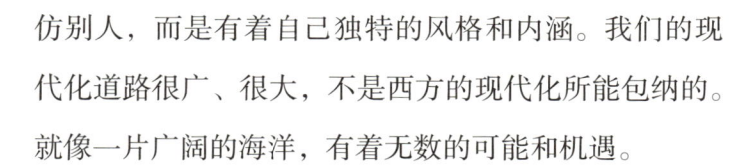

仿别人，而是有着自己独特的风格和内涵。我们的现代化道路很广、很大，不是西方的现代化所能包纳的。就像一片广阔的海洋，有着无数的可能和机遇。

同时，我们的道路也很远、很长，需要不断地探索和实践。这就像爬山一样，虽然路途遥远且充满挑战，但每一步都使我们离山顶更近一点。我们的目标非常明确，那就是实现中华民族伟大复兴的中国梦。这个梦，不仅仅是国家的梦，也是每一个中国人的梦。

从这个意义上讲，中国式现代化就像一条康庄大道，引领着我们走向强盛和繁荣。它赋予了中华文明以现代的力量，让古老的文化在新的时代焕发出新的光彩。同时，中华文明也为中国式现代化提供了深厚的底蕴，让我们在前进的道路上更加自信、从容。

这就是为什么我们的社会主义能够生机勃勃、充满活力，这里的关键就在于中国特色，而中国特色的核心，就是"两个结合"。这两个结合就像两个强大的引擎，推动着我们的国家不断前进。

历史使我们充分认识到，中国特色社会主义道路是在马克思主义指导下走出来的，也是从五千多年中华文明史中走出来的；立足五千年文明，第二个结合让中国

135

特色社会主义道路有了更加宏阔深远的历史纵深，坚实了中国特色社会主义道路的文化根基。

第二个结合让马克思主义成为中国的，中华优秀传统文化成为现代的，让经由"结合"而形成的新文化成为中国式现代化的文化形态。

文化创新其实是一种很神奇的力量，它能够创造出意想不到的奇迹，就像把不同颜色的颜料混合在一起，就能调出新的颜色一样；把不同的思想和智慧结合在一起，就能产生新的创意和想法。

历史上有很多这样的例子。比如春秋战国时期的百家争鸣，就是各种思想流派相互碰撞、相互融合的结果。正是这种碰撞和融合，才孕育出了大一统的制度和文化。再比如儒释道的结合，让中国的哲学思想达到了一个新的高度；五四运动和新文化运动则是中华文明与西方现代文明的结合，它推动了中国社会的巨大变革。

从这些例子中我们可以看出，"结合"并不是简单的拼凑或叠加，而是一种深刻的化学反应。它能够让不同的元素相互作用、相互激发，产生出全新的物质和力量。所以，"结合"是一种创新的力量，是推动社会进步和发展的重要动力。

任何文化要立得住、行得远,要有引领力、凝聚力、塑造力、辐射力,就必须有自己的主体性。

中国共产党历来主张,文化的根本主体性在于人民,如果说,中国特色社会主义道路的根基在五千年文明,那么,这条道路的主体性,究竟在哪里呢?

一位返乡创业女青年正在电脑前帮助村民打开网络新销路。这种创新的"互联网+"的乡村振兴模式充分体现了我们社会的生机勃勃和无限活力

《互联网的春天——农村电商》
郭健濂 褚朱炯 画

中国特色社会主义文化的主体性，是中国共产党带领中国人民在中国大地上建立起来的；是在创造性转化、创新性发展中华优秀传统文化，继承革命文化，发展社会主义先进文化的基础上，借鉴吸收人类一切优秀文明成果的基础上建立起来的；是通过把马克思主义基本原理同中国具体实际、同中华优秀传统文化相结合建立起来的。创立新时代中国特色社会主义思想，就是这一文化主体性的最有力体现。

一旦认识到中国特色社会主义道路的根基在五千年文明，那么，我们这一道路，就更加宽阔，更加长远了；一旦明确了这一道路的主体性是中国共产党带领中国人民建立起来的，就有了强大的领导主体，这条道路就更加气势磅礴了。

明确了道路的根基，明确了道路的主体性，那就有了文化意义上坚定的自我，我们所谓文化自信，就有了根本依托，而中华民族和中国人民就有了国家认同的坚实文化基础，中华文明就有了和世界其他文明交流互鉴的鲜明文化特性，中国共产党就有了引领时代的强大文化力量。